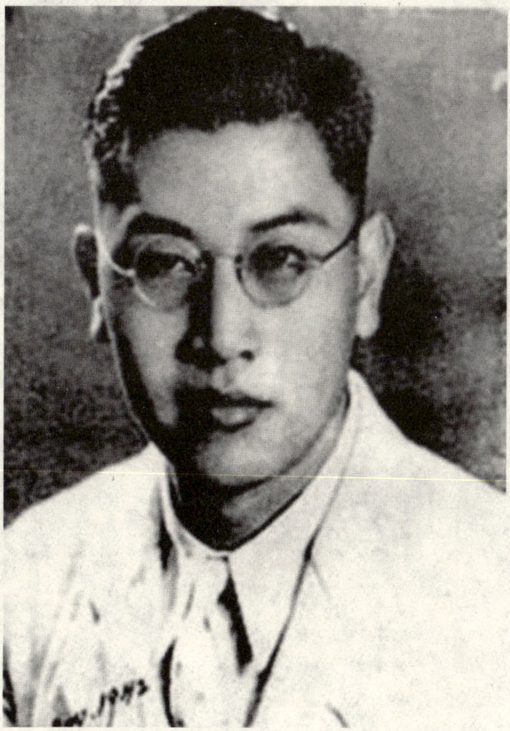

我思想,故我是蝴蝶……
萬年後小花的輕呼
透過無夢無醒的雲霧,
來振撼我斑斕的彩翼。

錄舊詩呈政
白鳳老兄
戴望舒
卅八年十一月一日

巧读·快读
现代名家
QIAO DU·KUAI DU
XIANDAI MINGJIA

读懂戴望舒

DUDONG DAI WANGSHU

郑瞳 编著

广西人民出版社

图书在版编目（CIP）数据

读懂戴望舒 / 郑瞳编著.—南宁：广西人民出版社，2014.7

（"巧读·快读"现代名家）

ISBN 978-7-219-08876-0

Ⅰ.①读… Ⅱ.①郑… Ⅲ.①戴望舒(1905～1950)-生平事迹 Ⅳ.①K825.6

中国版本图书馆CIP数据核字（2014）第056503号

监　　制	白竹林
策划编辑	田　珅
责任编辑	覃结玲
责任校对	梁小琪　唐柳娜
印前制作	麦林书装

出版发行	广西人民出版社
社　　址	广西南宁市桂春路6号
邮　　编	530028
印　　刷	广西大一迪美印刷有限公司
开　　本	875mm×1230mm　1/32
印　　张	9
字　　数	200千字
版　　次	2014年7月　第1版
印　　次	2014年7月　第1次印刷
书　　号	ISBN 978-7-219-08876-0/K·1505
定　　价	26.80元

版权所有　翻印必究

目 录

第一辑　戴望舒的言
第二辑　戴望舒的行
第三辑　戴望舒大事记
  创办《新诗》　　　　　　　　　　　14
  抗战的灵魂　　　　　　　　　　　32
    南渡香港　　　　　　　　　　32
    《星座》副刊：抗日的阵地　　　34
    "文协"和《顶点》　　　　　　37
    抗战中的友情　　　　　　　　39
    留守香港　　　　　　　　　　42
    被囚禁的诗人　　　　　　　　45
    曙光到来　　　　　　　　　　48
    上海自辩与抗战的灵魂　　　　50
    翻译生涯与《洛尔伽诗钞》　　52

第四辑　戴望舒小传
  ——七城记
  北京之一：朝晖或夕照　　　　　　70
  杭州：成长和烦恼　　　　　　　　71
  上海之一：激情年代　　　　　　　75
  松江："文学工场"与天青色的爱情　79
  上海之二：《我底记忆》和绛色的沉哀　83
  巴黎和里昂：不情愿的旅程　　　　87
  上海之三：新婚和《新诗》　　　　92
  香港：炼狱　　　　　　　　　　　96
  北京之二：最后的期盼　　　　　　105

第五辑 戴望舒著作精选

(1) 诗歌精选 　　　　　　　　　108
　　夕阳下 　　　　　　　　　108
　　寒风中闻雀声 　　　　　　109
　　自家伤感 　　　　　　　　110
　　生涯 　　　　　　　　　　110
　　流浪人的夜歌 　　　　　　112
　　Fragments 　　　　　　　　113
　　凝泪出门 　　　　　　　　113
　　可知 　　　　　　　　　　114
　　静夜 　　　　　　　　　　115
　　山行 　　　　　　　　　　116
　　残花的泪 　　　　　　　　117
　　十四行 　　　　　　　　　118
　　不要这样盈盈地相看 　　　119
　　回了心儿吧 　　　　　　　120
　　雨巷 　　　　　　　　　　121
　　我底记忆 　　　　　　　　123
　　路上的小语 　　　　　　　124
　　林下的小语 　　　　　　　126
　　夜是 　　　　　　　　　　127
　　独自的时候 　　　　　　　128
　　秋天 　　　　　　　　　　129
　　断指 　　　　　　　　　　130
　　印象 　　　　　　　　　　131
　　祭日 　　　　　　　　　　132
　　烦忧 　　　　　　　　　　133
　　百合子 　　　　　　　　　134
　　八重子 　　　　　　　　　135
　　梦都子
　　　　——致霞村 　　　　　136

我的素描	*137*
单恋者	*138*
秋天的梦	*139*
前夜	
——一夜的纪念，呈呐鸥兄	*139*
村姑	*140*
野宴	*142*
二月	*142*
小病	*143*
款步（一）	*144*
款步（二）	*145*
有赠	*145*
游子谣	*146*
秋蝇	*147*
夜行者	*148*
微辞	*149*
妾薄命	*150*
少年行	*150*
旅思	*151*
不寐	*152*
深闭的园子	*153*
灯	*153*
寻梦者	*154*
乐园鸟	*156*
古神祠前	*157*
见毋忘我花	*159*
微笑	*160*
古意答客问	*160*
灯	*161*
秋夜思	*162*
小曲	*163*

赠克木	*164*
眼	*166*
夜蛾	*168*
寂寞	*168*
我用残损的手掌	*169*
示长女	*170*
在天晴了的时候	*172*
赠内	*173*
偶成	*174*
(2) 诗歌理论精选	*175*
望舒诗论	*175*
诗论零札	*179*
(3) 散文精选	*182*
航海日记	*182*
林泉居日记	*193*
我的旅伴	
——西班牙旅行记之一	*221*
鲍尔托一日	
——西班牙旅行记之二	*227*
在一个边境的站上	
——西班牙旅行记之三	*233*
西班牙的铁路	
——西班牙旅行记之四	*239*
记玛德里的书市	*247*
巴黎的书摊	*252*
香港的旧书市	*259*
悼杜莱塞	*263*
记诗人许拜维艾尔	*267*
都德的一个故居	*277*

第一辑 戴望舒的言

1. 全国同胞所痛哭流涕的国耻日，在民国十二年的日历上发现了……如今我们《兰友》在这国耻日来作一个爱国的呼声。——《国破后》

2. 诗不能借重音乐，它应该去了音乐的成分。——《望舒诗论》

3. 诗不能借重绘画的长处。——《望舒诗论》

4. 单是美的字眼的组合不是诗的特点。——《望舒诗论》

5. 诗不是某一个官感的享乐，而是全官感或超官感的东西。——《望舒诗论》

6. 新的诗应该有新的情绪和表现这种情绪的形式。——《望舒诗论》

7. 旧的古典的应用是无可反对的，在它给予我们一个新情绪的时候。——《望舒诗论》

8. 诗是由真实经过想象而出来的，不单是真实，亦不单是想象。——《望舒诗论》

9. 诗应将自己的情绪表现出来，而使人感到一种东西，

诗本身就像是一个生物，不是无生物。——《望舒诗论》

10. 只在用某一种文字写来，某一国人读了感到好的诗，实际上不是诗，那最多是文字的魔术。真的诗的好处并不就是文字的长处。——《望舒诗论》

11. 说"诗不能翻译"是一个通常的错误。只有坏诗一经翻译才失去一切，因为实际它并没有"诗"包涵在内，而只是字眼和声音的炫弄，只是渣滓。真正的诗在任何语言的翻译中都永远保持着它的价值。而这价值，不但是地域，就是时间也不能损坏的。——《诗论零札》

12. 近来看见有人把少女怀春的诗，也把唯物史观当作万应膏，像江湖郎中似的开出"小资产阶级的没落……"等冠冕堂皇的脉案来，则对于这一类人，本书倒是一味退热剂。——《〈唯物史观的文学论〉译后记》

13. 现在我全然后悔远去法国的轻率而愚蠢的决定。离开所爱者去远方是为了什么？如果可以我真想返回，永远在所爱者的身旁，母亲、父亲、和好朋友，这不就是世上生活得最快活的人了吗？——《航海日记》

14. 不要模仿任何人，显出你们自己来。——《新诗》对作者的要求。

15. 现代诗歌之所以与旧诗词不同者,是在于它们的形式,更在于它们的内容。——指出现代诗与古诗的区别。

16. 这些人的意思,一切文学都是宣传,他们不了解艺术之崇高,不知道人性的深邃,他们本身就是一种盲目的工具,便以为新诗具有一个功利主义的目的了。——与左翼作家关于"国防诗歌"的论战。

17. 那些浮浅的,烦躁的声音,字眼,在作者也许是真诚地写出来的,然而具有真诚的态度未必就是能够写出好诗来。——与左翼作家关于"国防诗歌"的论战。

18. 一首有国防意识的情绪的诗可能是一首好诗,唯一的条件是它本身是诗……但是反观现在所谓的"国防诗歌"呢,只是一篇分了行,加了勉强的脚韵的浅薄而庸俗的学说辞而已。——与左翼作家关于"国防诗歌"的论战。

19. 《星座》现在寄托在港岛上。编者和读者当然都盼望着这阴霾的气候早日终结了。晴朗固好,风暴也不坏,总觉得比目下痛快些。但是,若果不幸还得在这阴霾气候中再挣扎下去,那么,编者唯一渺小的希望,是《星座》能为它的读者,忠实地代替了天上的星星,与港岸周遭的灯光尽一点照明之责。——《星座》创刊号的创刊词。

20. 现在还没有亡国,就尝到了亡国的滋味;要是真的做了亡国奴，这寄人篱下的生活，那就更难过了。——在香港办报，遭遇当局重重阻力和管制后感叹。

21. 好让读者领教一下香港有多么民主。——在香港办报，遭遇当局重重阻力和管制后，戴望舒便用"开天窗"的方式表示抗议，反讽道。

22. 路易士（纪弦）已跟杜衡做汪派走狗，以前我已怀疑，不对你明言，犹冀其悔改也。——杜衡和纪弦变节后，戴望舒在给艾青的信中说。

23. 我还是不能那样做。——面对汪精卫政府开出的让穆丽娟回到自己身边的条件，戴望舒选择了拒绝。

24. 我的书怎么办？——香港沦陷后，徐迟邀约戴望舒一起离港，戴望舒说。

25. 不知道。——面对日本人的威逼利诱，戴望舒始终坚贞不屈，不吐露任何信息。

26. 也许我没有牺牲了生命来做一个例范是我的一个弱点，然而要活是人之常情，特别是生活下去看到敌人的灭亡的时候。对于一个被敌人奸污了的妇女，诸君有勇气指她是一个淫妇吗？对于一个被敌人拉去做劳工的劳动者，诸君有勇气指他是一个叛国贼吗？我的情况，和这两者有点类似，而我的苦痛却是更深沉。——日本失败后，戴望舒被一些文人联名写公开信诬蔑为汉奸，他不得不前往上海自辩。

27. 我不想再在香港住下去了，一定要到北方去。就是死也要死得光荣点。——得到北京解放的消息，戴望舒按捺不住心中的喜悦，立即打算动身前往北京。

第二辑 戴望舒的行

1. 在震旦大学期间，在樊神甫的严格调教之下，戴望舒打下了牢固的法语基础。但很快，戴望舒对新的文学形式的追求便凸现出来。上课时，他在老师的引导下学习被奉为经典的浪漫主义文学，学习马丁、缪塞、雨果，但到了私底下，他却将全部热情和精力给了维尔伦、波德莱尔、耶麦、果尔蒙等象征派和后期象征派诗人。这个时期对阅读的主动选择，对他的整个创作生涯，有着决定性的意义。

2. 同样是在就读震旦大学期间，戴望舒因为一边是严师近乎苛刻的教导，一边自己又喜欢法国文学，法语水平突飞猛进，很快便有了相当高的造诣。当他读到李思纯翻译的《仙河集》，只觉错误百出，便以初生牛犊不怕虎的勇气，写了批评文章《读〈仙河集〉》，把李思纯译本的错漏之处一一指出。但因为李思纯是当时翻译界的权威，戴望舒的批评文章找不到地方发表，于是才催生了他和几位朋友创办《璎珞》。有了自己的刊物，戴望舒便把这篇《读〈仙河集〉》发表了出来。据说李思纯读到之后，终生不再发表译诗。

3. 到了法国留学之后，戴望舒便一直在策划西班牙之行。对西班牙文学的热爱使他无法丢开这个念头，诗人的固执、专注和任性表现得淋漓尽致。到法国之初，他一边在巴黎大学旁听，一边又去一所语言学校选修了西班牙语，为将来的西班牙之旅做必要的准备。在法国的窘迫生活中，戴望舒时时梦想着西班牙。他多次写信给施蛰存，希望这位老友能在国内帮他筹集到足够的经费，让他得以顺利成行。但因为筹集款项非常困难，施蛰存也数度回信劝阻。直到戴望舒转学到里昂中法大学之后，施蛰存终于筹到了一笔钱，这笔钱让戴望舒得以在1934年8月22日登上前往西班牙的火车，开始这次长达三个月的旅行。西班牙之旅在戴望舒的一生中，显然是一次重要的旅行，对西班牙文学和文化的近距离体验，令他着迷。尤其是在这趟旅行中，他知道了洛尔伽，这位20世纪最伟大的西班牙诗人，后来，戴望舒翻译了三十余首洛尔伽的诗作，被奉为诗歌翻译的典范。

4. 1936年，戴望舒决定办一本诗歌刊物，也就是后来产生了深远影响的《新诗》。在他的设想中，这是一本大气的，具有很强包容性的刊物，"唯才是举"可以说是这本刊物唯一的选稿标准。戴望舒邀约了当时的两位文学新人纪弦、徐迟参与编辑工作，又邀请了卞之琳、梁宗岱、冯至、孙大雨四人，加上他自己，一共五人担任编委。为了向诗坛郑重地，或者更确切地说，隆重地推介纪弦和徐迟，让这两位当时的诗坛新人能获得更多的关注，产生更大的影响力，戴望舒数度提出把他们列入编委，或者让他们担任执行编委，虽最终因二人拒绝了这番好意而作罢，但戴望舒扶持新人的热忱可见一斑。

5.《新诗》创刊后，影响力迅速覆盖全国。这时，左联的《新诗歌》也渐成气候。左联发起了"国防诗歌"运动，主张诗歌"以反帝及组织民众鼓吹民众锻炼民众为内容"，"以大众文化为唯一条件，作为形式去传达内容"。作为左联成员，戴望舒并不认同这一观点，他始终坚持把作品质量放在首位，强调诗首先必须是诗。这招致了左翼作家们的不满，他们开始写文章攻击戴望舒，戴望舒毫不示弱，正面做出了回应，对"国防诗歌"这一观念作了严正的批评。

6. 因为与左联大多数作家观念不合，《新诗》较少推介左翼作家们的作品。但尽管正在与左翼作家们激烈地论战，戴望舒的《新诗》却并没有对左翼作家关上大门，他依然坚持一切从作品质量出发，对创作出高质量作品的左翼作家，他同样是不遗余力地推介。比如艾青，戴望舒与艾青的文学理念并不相同，甚至可以说存在较大分歧，但由于看重艾青的诗歌中展现出的才华，戴望舒还是用很大的力度推介了当时还是诗坛新人的艾青的诗歌。

7. 戴望舒编《星座》时，在文学界资历尚浅的萧红和端木蕻良这对夫妇在重庆，戴望舒向二人约稿，与二人建立了友谊。日本人轰炸重庆时，戴望舒立即向二人发出信息，邀请他们赴港生活。他们到达香港后，他又为他们在香港的生活多方筹措，更多次安排聚会，把二人介绍给香港文学圈。萧红去世后，戴望舒写下传世名作《萧红墓畔口占》。而面对凶暴残酷的日本人，戴望舒也绝不吐露端木蕻良的行踪。

8. 戴望舒耳闻好友杜衡变节投靠汪精卫政府，惊怒交集，他当即宣布开除杜衡"文协"会籍，并从此与杜衡绝交。不久后，一直被他视为小兄弟的纪弦也随杜衡而去，戴望舒得知后，在给艾青的信中写道："路易士（纪弦）已跟杜衡做汪派走狗，以前我已怀疑，不对你明言，犹冀其悔改也。"痛心疾首，溢于言表。

9. 1940年春天，戴望舒的妻兄穆时英受汪派汉奸头目丁默邨的邀请，回到上海办报纸。戴望舒对人说道："不必想到他了。走了，不在了，到上海去了。这是他留给我老婆的信。真是糟糕得很！"后来穆时英被暗杀，穆丽娟因为自己的哥哥身亡而悲伤，戴望舒对她说："哭什么，他是汉奸！"这句话深深地伤害了穆丽娟，但这也正是戴望舒对变节者切齿痛恨的写照。

10. 穆丽娟因为对爱情失望，带着女儿回到上海。这时戴望舒才深切地感受到他对穆丽娟的爱，他在香港日日期盼穆丽娟归来。他不断给穆丽娟写信，向上海邮寄各种物品，日记里也充满了对爱人的思念。他甚至去了上海，希望能够挽回爱情，但穆丽娟伤心太甚，并没有打算同他复合。这时，上海的汉奸头目找到戴望舒，希望他加入他们的组织，条件是一定让穆丽娟回到他身边。虽然爱情不能强求和威逼，但在当时的环境之下，特务组织是有能力把穆丽娟送回戴望舒身边的。但戴望舒回答："我还是不能那样做。"

11. 1941年年底，日本进攻香港，并很快击败英国军队，占领了香港。香港沦陷后，许多文化界人士都撤离了。

戴望舒每天在家中，对着他精心收藏的书籍，一会儿把书打包，过一会儿又把包裹解开，坐立不安。徐迟找到戴望舒，说起沦陷后暗无天日的处境，希望约上他一同离港，以免生命安全受到威胁。但戴望舒抚摸着他珍藏的书，回答说："我的书怎么办？"

12. 日本占领香港后，戴望舒没有随大多数文艺名人一起撤离，而是坚持留守在香港。不久，他便被日本密探抓进了监狱。日本人希望从他口中得到"文协"会员的名单，尤其是希望通过他，了解在抗日活动中表现积极的端木蕻良的行踪，还打算让他出面指控端木蕻良。戴望舒在侵略者面前坚贞不屈，任凭敌人如何威逼利诱、如何施展酷刑，他始终只回答："不知道。"

13. 北京解放后，戴望舒立刻打算离开香港前往北京，开始新的生活。朋友们劝他，北京冬季的寒冷气候对他的哮喘极为不利，他回答说自己"适宜于寒冷的天气"。这句话已明显违背了常识，唯一合理的解释，就是回到内地的渴望在指引着他。他斩钉截铁地说："我不想再在香港住下去了，一定要到北方去。就是死也要死得光荣点。"

第三辑　戴望舒大事记

创办《新诗》

1

　　1935年10月,经过长期的筹备和不断地延期后,《现代诗风》终于得以出版。主编《现代诗风》的戴望舒,却并未因此而高兴得太久,很快他便有了新的考虑。他打算创办一本内容更加丰富、能够真正容纳中国诗歌的诗歌刊物。此时戴望舒正处于生活的安定期,从法国归来并与施绛年分手之后,他很快开始了与穆丽娟的新的爱情,一切都显得平稳而美好。安定的生活给了戴望舒更多的思考空间,全新的刊物《新诗》的框架,在他的头脑中越发清晰起来。

2

　　新诗在中国出现得比较晚,直到1919年五四运动前后才渐渐发展起来。中国古代的诗歌,曾经达到很高的艺术高度,但随着社会的不断发展,过多的桎梏和束缚使得语言渐趋僵化,且多年来形成的许多模式化的表达方式已经开始令人感到厌倦。而新思潮也正在此时席卷而来,与传统守旧的理念产生剧烈碰撞,迸发出许多明亮的火花。这时,必须有一种新的诗歌站出来,打破传统的限制,成为人们抒写时代、表现内心和自我的载体。

　　最初的新诗,不过是在语言上让白话进入诗歌,如胡适在1918年出版的《尝试集》，具有重大的时代意义，但作为诗歌，确实只能算是尝试，称不上艺术。此后，许多新文学杂志，或报刊的文艺副刊开始刊登一些用新的写法创作的诗歌。发表作品的阵地渐渐多了起来，诗人们的新诗创作热情也自然随之而不断提升。1921年，朱自清、叶圣陶、俞平伯、刘延陵等在杭州创立了中国现代文学史上的第一个新诗社团——"中国新诗社"，次年朱自清、叶圣陶等人又在上海创办了中国第一本新诗刊物《诗》，除几位编者外，胡适、周作人、王统照、郑振铎、徐玉诺、陈南士、汪静之、冯雪峰、潘训等成为了主要的撰稿人。而以冯雪峰、应修人等为代表的"湖畔诗派"也很快在杭州成立。以郭沫若、郁达夫、田汉等为代表的"创造社"也于1921年在日本东京成立，"创造社"也曾在诗界产生过重大的影响，但它并不是单纯的诗社，而是涉及更广泛文体的文学社。随后几年，徐志摩等人创办了《新月》，主要发表"新月派"同人的作品。

进入20世纪30年代，中国左翼作家联盟成立，左联主办了《拓荒者》、《萌芽月刊》、《北斗》等文艺刊物，诗歌作者主要有殷夫、胡也频、蒋光慈、钱杏村、洪灵菲等。1932年，在左联的领导下，穆木天、蒲风、任钧、王亚平等人成立了"中国诗歌会"，创办了《新诗歌》杂志。

这些诗坛大事主要都是发生在杭州和杭州周边如上海等地，与戴望舒的生活经历惊人相似，因此对他的影响无疑也是巨大的。

戴望舒自己也曾数次参与编辑文学刊物，比如《无轨列车》、《现代》,以及刚刚出版第一期的《现代诗风》。但他并不满足于此,他看向了更深远的方向。

3

中国文学,自古有南北之分。南方和北方因为地理环境、气候等都大不相同,从而产生了不同的文化,而不同的文化自然产生了不同的文风。这与南美洲孕育了魔幻现实主义文学的道理是一样的。刘师培在《南北文学不同论》中写道:"北方之地,土厚水深,民生其间,多尚实际。南方之地,水势浩洋,民生其间,多尚虚无。民尚实际,故所著之文,不外记事析理二端;民尚虚无,故所作之文,或为言志抒情之体。"

在20世纪上半叶,中国新诗尚处于发端阶段时,这种由来已久的南北之分很快也渗透到了诗人和诗群之中。纪弦曾说:"'北方诗派'较为保守,'南方诗派'较为急进;'北方诗派'带有浓厚的学院气息,'南方诗派'带有强烈的革命精神;'北方诗派'使用韵文工具,'南方诗派'使用散文工具——此乃两者最大、最显著的不同之处。"至于中国新诗如何发展,南北两方向来是各执一词,各行其是,甚至互相之间必要的往来交流也几近于无。南派以"现代派"为主,北派以"新月派"为主,都提出了自己明确的诗观,并通过适当的阵地来发布同人作品和阐释自己的诗歌理念,但那时每个群体大都显得有些自以为是,拼命想证明自己的道路是对的,而对别人的方式不屑一顾,一时间,"南"拳"北"腿,互不相让,对峙的格局便形成了。缺少互相交流,诗歌便被渐渐分割开来，发展自然就受到了限制。

处于那个热闹的年代，戴望舒却是少数难得的清醒者之一。他认真思考了当时中国诗歌发展的困境，找到了限制诗歌发展的因素，于是开始寻求解决的方案。最终他决定要发行一本全面的诗歌刊物，融合南北两派、消弭矛盾，使双方能够健康交流，取长补短，互相促进。

4

说到办刊，戴望舒并不陌生。

早在中学时代，十七岁的戴望舒就曾和杜衡、张天翼等办过一本名叫《兰友》的刊物，他担任主编，编辑部也设在他家里。当然，那个时期的戴望舒，尚处于文学爱好者的阶段，《兰友》也就相当于今天许多校园里文学爱好者们做的班刊，只不过因为它是戴望舒主编的第一本刊物，才没有在时间的隧道中，被人们所遗忘。1926年，就读于震旦大学的戴望舒，与施蛰存等共同创办了《璎珞》，这本刊物上所发表的也仅是几位编者自己的诗文和一些译作。这个时期戴望舒的新诗创作才刚起步，尚显青涩，但诗中已展现令人赞叹的语感；而刊发的他的译作，则得到了人们的称赞。还有一篇批评翻译界权威李思纯的文章《谈〈仙河集〉》，因为没有发表的渠道，最终也是刊登在《璎珞》上，产生了比较大的影响。

戴望舒真正做出有文学品位的刊物，却是在后来。1928年，戴望舒、冯雪峰、杜衡寓居在松江施蛰存的家中，四人曾打算办一本《文学工场》，并很快联系了出版商，也准备好了两期的稿件,但最终因为内容太过激进,而被出版方拒绝了。随后,刘呐鸥从台湾来到上海,便邀请他们四人前去一起办杂志,便得以发行了《无轨列车》。这个名字意味着刊物"内容没有一定的轨道"(施蛰存语)。他们在那时就已经有了不做同人刊物的打算,尽管这本刊物的负责人是刘呐鸥,而非戴望舒,但这个办刊理念对诗人的影响是深远的。1929年9月,戴望舒和刘呐鸥、施蛰存、徐霞村又创办了《新文艺》,主要译介外国作家作品,同时配发一些关于外国文学的综述、评论,试图把外国文学引到中国来。这两个刊物最终都被禁了。1932年,施蛰存主编《现代》,戴望舒参与了前面几期的工作,后来因为要兑现他对施绛年的承诺,不得不前往法国留学。

1935年戴望舒回国后,便投入到施蛰存策划的《现代诗风》的编辑工作中。早在两年前,戴望舒还在法国,便收到施蛰存的来信:"我现在编一本季刊,定名《现代诗风》,内分诗论,诗话,诗,译诗四项,大约九月中可出第一册。"并向戴望舒约稿:"你如高兴,可请寄些小文章及译诗论文来,不过没有稿费,恐怕你也无暇写耳。"这本刊物并没有像施蛰存计划的那样,很快就得以顺利出版。那时,在法国生活窘迫的戴望舒,也未必能帮上什么忙。但戴望舒回到上海后,一切都渐渐走上正轨了。做足了前期工作的施蛰存一方面想要借重老友在诗坛的名气来推出刊物,一方面也是为了巩固老友"现代派诗群龙头"(纪弦语)的地位,便让戴望舒来做了主编,并在这本刊物的发行预告中写道:"望舒想要办一个关于诗的杂志……他终于决定要替诗坛热闹一下，编一个关于诗的两月刊，定名《现代诗风》。"这是戴望舒第一次参与单纯的诗歌刊物而不是综合的文学刊物的编辑工作，并且是担任主编，但实际的很多工作还是施蛰存完成的。1935年10月《现代诗风》正式发行，在戴望舒的号召力之下，它成了现代派诗人的阵营，当时诗坛上活跃的现代派成员纷纷亮相，戴望舒、施蛰存自不必说，纪弦、徐迟、金克木、林庚、南星等，也都得到了展示才华的机会。刊物终于出版，这是值得高兴的，但当最初的兴奋消退之后，戴望舒开始审视这本刊物（清一色的"现代派"岂不正好是戴望舒所不愿意的同人刊物？），也开始了对中国诗歌的更深的思考。

戴望舒意识到，必须要有一个更加宽广的平台，只以作品的质量来考量，而不在意作者来自哪个诗群和流派，让诗人们都能够公平地获得发表的机会，这样才是正途。这需要更大的气度和更深远的目光，而《现代诗风》无疑是做不到的，因此，即便这本刊物销路很好，第一期的一千册很快被抢购一空，戴望舒还是选择了放弃。

5

要办一本刊物，必须要有人，也必须要有钱，两者缺一不可。

首先是要找到合适的人选来负责具体的编辑工作，所谓合适的人，戴望舒认为一是要有相当的文学修养和热情，二是要有时间精力。当然还有一点也是重要的考量标准，即在文坛的地位不能太高，这样才能保证诗人对刊物的控制权，并按照他的意图来工作，而不至于被下面的编辑喧宾夺主。

戴望舒很快想到了两个人：纪弦和徐迟。

纪弦，1913 年生于河北清苑，原名路逾，故有路易士的笔名，赴台湾后，开启了台湾现代诗运动，与覃子豪、钟鼎文并称台湾"诗坛三老"，享有极高的地位。直到 2013 年 7 月 22 日，纪弦才以一百零一岁的高龄逝世，他获得了诗人们很高的评价："他在整个中国文学史的地位是至高无上的，他的离去标志着一个时代结束了。"（伊沙语）但在 1936 年，二十三岁的纪弦还只是戴望舒的小兄弟，戴望舒在编《现代诗风》时向他约稿，曾令他激动了很久。

徐迟，1914 年生于浙江湖州。翻译家、诗人、散文家。写过报告文学《哥德巴赫猜想》，译过美国人亨利·大卫·梭罗的《瓦尔登湖》。1996 年 12 月 13 日，八十二岁的徐迟坠楼身亡。年轻时，徐迟也曾是戴望舒的众多拥趸之一，1936 年戴望舒与穆丽娟的婚礼，他便被邀请做了伴郎。后来戴望舒逃往香港，他也同船而去。

纪弦和徐迟作为合适的人选，进入了戴望舒的视野，很快，诗人便开始邀约二人来商讨办刊物的事宜。二人当时都是文学青年，被大诗人邀请，哪有不乐意的。经过很多次商讨，确定下来刊物名字叫《新诗》，社址就在戴望舒位于上海亨利路永利村 30 号的家中。那时的戴望舒和夫人穆丽娟正处于感情的甜蜜期，而穆丽娟对他又非常崇拜，因此自然不会不支持。徐迟原本是在家乡的南浔小学当老师，后来也想办法到上海找了一份工作，这样做起刊物来就方便多了。

他们商定，这本刊物不设主编、副主编等职务，三人都是编辑,但实际上,戴望舒的工作更倾向于实际的主编,而纪、徐二人分担具体的编辑工作更多一些。

至于钱的问题,戴望舒自己拿出了一百元,用作刊物的开办经费,但还有一定的缺口,纪弦和徐迟也各自拿出了五十元,他们就是凭借这两百元钱,办出了中国现代文学史上最重要的诗歌刊物。

6

戴望舒知道,要改变诗坛的气氛,刊物必须具备巨大的影响力,而要让刊物产生足够的影响,一个强力的编委会名单是必不可少的。理想的编委成员应该符合这样的要求:他们的存在,足以保证刊物的品质;同时,他们的存在,能代表刊物多元化的思想,从而避免刊物被人们视作戴望舒的一言堂。戴望舒为此,也费了不少心血。

编委最终由五个人组成——卞之琳、孙大雨、梁宗岱、冯至和戴望舒本人。

卞之琳,生于1910年,他是北方新月派的重要诗人,又与何其芳、李广田并称"汉园三诗人",代表诗作有《断章》、《鱼化石》等。虽然属于新月派,但卞之琳的诗风并不像他的老师徐志摩或朱湘等其他诗人那般正统,后来更是逐渐在创作中自觉地打破了流派限制。

孙大雨,生于1905年,历任武汉大学、北京师范大学、北京大学、浙江大学、暨南大学外文系教授。年轻时与朱湘、饶孟侃、杨世恩都在清华大学,四人的字或者号又都带个"子"字,故合称"清华四子",后来四人都加入了新月社，所以又称"新月四子"。

梁宗岱，生于1903年，广东新会人，他是诗人、学者、翻译家，晚年又转行成了医药专家，曾在北京大学、清华大学、南开大学、复旦大学等学校任职。喜好论辩，才华横溢，学贯中西，而且自负极高，素不让人，曾数度拒绝蒋介石要他加入"智囊团"的邀请。

冯至，生于1905年，河北涿州人，以诗集《昨日之歌》、《北游》享誉一时，鲁迅称他为"中国最杰出的抒情诗人"。他创作的《十四行集》在中国新诗写作中具有很强的创新意义，独步文坛，影响深远。冯至同时又是一位严谨的学者。

加上戴望舒，这五个人的编委阵容在当时堪称强大，而且南北两方各有人选，毫无自己一家独大的做派。

编委会成立的同时，也就成立了"新诗社"。

在确定编委名单时，还曾经有一个小插曲。戴望舒曾希望把纪弦和徐迟二人的名字列进去，他是一番好意，想要帮助这两位小兄弟在诗坛立足更稳，而且两人为了这本刊物，也都出了钱。但纪、徐二人都坚决拒绝了。因为他们二人做的是具体的编辑工作，戴望舒又提出让二人做执行编委，他们最终也没有同意。纪弦说："我二人帮忙校对，跑印刷所，是义不容辞的，至于编委会名单还是照原案吧。"二人或许因为是小字辈，不免要谦逊一些，又或许自知资历尚浅，不足以与几位大诗人并列，即便勉强放进去，也只是叨陪末座，故而推辞不就。当然，还有一个重要的因素，便是不愿落个花钱买编委做的名声。

7

1936年10月,《新诗》创刊号在上海正式发行。

如前面所说的,那个时候,中国新诗正处于一个热闹的时期,流派林立,许多人亲近诗歌,光是诗歌刊物全国便有十九种之多,是一个新的纪录,但《新诗》很快便从许多刊物中脱颖而出了,不仅被文学界内部推重,普通读者的阅读兴趣也被激发起来,刊物很快销售一空——其实在正式出刊之前,预告的时候,就已经有了上百名订户,一个好的开头,使戴望舒等人有了更足的干劲。

这本25开本,一百二十五个页码的刊物——这个页码数是比较奇怪的,这意味着在刊物中,有一个完全空白的不计数的页码存在——这样的容量,在当时完全称得上是一本大型的诗刊。

当然,对于一本刊物,更重要的评判标准是它的内容。

在创刊号期的《社中杂记》中,编辑们表明了自己立场和刊物的宗旨:"不是某一诗派的杂志或某一新诗运动的代言机关;本刊所企望的,只是使这枯萎的中国诗坛繁荣起来而已。所以不论以怎样形式写,凡是有独创性的好诗,本刊是乐于刊登的。"后来又在第三期和第四期分别补充:"不要模仿任何人,显出你们自己来","本刊是不谈政治无关党国的"。

《新诗》创刊号,刊登了卞之琳、何其芳、金克木、玲君、南星、徐迟、纪弦等诗人的作品,显示了刊物确实是在向着南北融合的方向努力。而致力于推出年轻诗人,也印证了"所以不论以怎样形式写,凡是有独创性的好诗,本刊是乐于刊登的"这一说法。而且《新诗》像戴望舒以前参编的许多杂志一样,并不局限于发表作品,也发表诗歌理论和翻译,这也使刊物更加厚重和开阔。

当《新诗》的编辑和发行工作已经完全稳定下来,一切都能够按部就班地操作时,戴望舒等人认为时机已经成熟,可以以"新诗社"的名义,为《新诗》上推介的诗人(尤其是年轻诗人)出版诗集。1937年2月,《新诗》第1卷第5期预告了"新诗社丛书"不日即将出版,他们打算每月推出一位诗人的集子。最终,赵梦蕤翻译的艾略特的《荒原》、南星的《石像辞》、玲君的《绿》、纪弦的《火灾的城》、周煦良翻译的霍思曼的《西洛波州少年》得以出版,而徐迟的《明丽之歌》、李白凤的《凤之歌》、施蛰存的《纨扇集》和戴望舒翻译的《现代西班牙诗钞》、林徽因的诗集等,也都发布了预告。

徐迟后来回忆——

"创刊号在十月十日出版,头条是卞之琳的《尺八》。下一期又发了他的《鱼化石》,也是头条。这两期有金克木的《情诗》和第三期的《鸠唤雨》等。一批现代风格的新诗人玲君、侯汝华和南星、陈江帆和史卫斯、陈雨门出场了。路易士发表了《海之歌》、《诗四首》、《云及其他》、《时间之歌》、《诗二首》。他每期都有诗发表。我也是:创刊号上的《念奴娇》,我总以为是不像个样子的,但没想到其中还有些至今被人记得的句子;接着的一首《一天的彩绘》就像样些。接着是《六幻想》和《静的雪,神秘的雪》等,可以看出我不断进步的轨迹；最后还发过我的《假面跳舞会》一个试验性质的诗剧，这个试验不用说是很失败的了。

　　新诗社推出的女诗人，除方令孺和林徽因外，还有几位都是我去约来的稿子：严文庄在创刊号上的《弹肖邦作品二十八之十五后》和后来的《一串珍珠似的幻想》及《时光外两首》以及沈旭春在新人专号中的《恋如斯》也都是我经手约来发表的佳作。孙大雨译了勃莱克，梁宗岱也译了勃莱克和歌德，冯至译了里尔克，周煦良译了霍思曼的七首诗和艾略特的几篇论文，陈占元译了赫富曼斯塔尔的信。戴望舒自己，除了一首《赠克木》，一首《眼之魔法》，一首《夜蛾》外，还译了法国诗人希柏维艾尔和沙里纳思，俄国的普希金和西班牙的阿尔拉季雷，并写了评价他们的文章。《新诗》发表了莪茄即艾青的《夜的街》、《老人》、《马槽》和《晨歌》。名家和学者，如陈梦家、陆志韦、罗念生、罗莫辰都给了诗作。"

　　徐迟始终怀念着那个激越的年代，数十年后，他依然为《新诗》而兴奋不已："在《新诗》这个刊物上，摆开了很强的阵容，展现了蓬勃的气势。半个世纪后，我协助编辑的《诗刊》，编辑的路子太狭窄，不尴不尬，根本不能比。"

　　纪弦也说，《新诗》广告中所说的"聚全国诗人于一堂，促进新诗坛之繁荣"，并非空洞的宣传，而是最终落到了实处，"1936年10月，《新诗》月刊的创刊号出来了，这是中国新诗史上自五四以来的一件大事，具有划时代的意义"。纪弦对《新诗》推崇备至，后来他到了台湾，创办《现代诗》杂志，发起"台湾现代诗运动"，也可看作是《新诗》

的某种延续。

8

如果说戴望舒只是兢兢业业地完成着《新诗》的每一道工序，那么他或许可以被称为称职的编辑，或者优秀的编辑，但还算不上"伟大"。但他展现了他的伟大，因为他在编这本刊物的时候，始终坚持自己的个性和诗观，给刊物注入了生命。

戴望舒创办《新诗》，很大程度上是因为他希望能够真正做到南北融合，让每一种写法的诗人，都获得自己的位置，但是，这并不意味着他当"好好先生"。他对诗歌的创作方式、诗人的流派，一向都是不拘一格的，但是对他认为明显有悖诗歌发展规律的作品，他批驳起来也是丝毫不留情面的。

《新诗》第二期，戴望舒发表了《谈林庚的诗见和"四行诗"》，批评了诗人林庚的创作。

林庚，1910年生于北京。现代诗人、古代文学学者、文学史家。年轻时曾创作许多讲究格律音韵的"四行诗"，形成了一定的影响。戴望舒认为，"那是很坏的影响"；纪弦说得更具体，"在他写了不少自由诗之后，忽又开起倒车来，发明了所谓的'四行诗'，而竟回到旧诗的天地里去了……"。新诗之所以发展起来，正是因为"旧诗"的束缚太多，已经不足以表现新的情感和思想，而林庚却在新诗渐趋成熟、影响日深的时候，转过头去捡起了"旧诗"，这自然让戴望舒很担忧，因为他看见诗坛可能出现的不良趋势，"虚荣的青年"、"大量地产生一些拿古体诗来改头换面的新诗"。因此，他感到自己有必要站出来说话，"林庚先生并没有带了什么东西给现代的新诗；反之，旧诗倒是给了林庚先生许多帮助。"戴望舒甚至还把被他称为"新瓶装旧酒"的林庚的"四行诗"翻译成绝句，来为他的批评佐证。如林庚的《古城》：

  西北风吹散了秋深一片云
  古城中的梦寐一散更难寻
  屋背上蓝天时悠悠无限意
  黄昏来的冻意惆怅已无穷

便被戴望舒翻译成：

  西风吹得秋云散
  断梦荒城不易寻
  瓦上青天无限远
  宵来寒意恨当深

又把古人的诗作，如李商隐的《日日》：

  日日春光斗目光
  山城斜路杏花香
  几时心绪浑无事
  及得游丝百尺长

翻译成林庚的"四行诗":

春光与日光争斗着每一天
杏花吐香在山城的斜坡间
什么时候闲着闲着的心绪
得及上百尺千尺的游丝线

戴望舒一向认为,"现代诗歌之所以与旧诗词不同者,是在于它们的形式,更在于它们的内容"。通过古诗和"四行诗"可以相互改写,戴望舒证明了自己的判断,因此他试图用严厉的批评阻止这种"坏的影响",让诗人们真正认识"新诗",并"把握住它的现在"。

戴望舒对林庚的严厉批评更多是出于对诗坛风气的担忧,并试图让林庚们回到正确的方向上,虽然尖刻却不乏劝诫的意味,在与左翼作家的争论中,他却选择了针锋相对,不留一点情面。梁宗岱曾说"我们的诗坛曾发生过一次剧烈的论战,所谓'纯诗'与'国防诗歌'",说的便是此事。

细心的研究者注意到,身为左联的一员,且对革命文学充满感情的戴望舒,在《新诗》中,并未给左翼作家多少展示的机会。

其实,戴望舒是有革命情结的,在上海读书时,便参加过游行,还加入了共青团,做一些发放传单和联络之类的工作,后来认识了冯雪峰,在冯的影响下更是大量接触了无产阶级文艺,在早先办的刊物上,也大量刊登了革命文学作品和理论。但他同时又对革命保持着距离，尽管革命的激情让他热血澎湃，但革命的残酷却是他不愿意接受的，更为重要的是，他希望自己的创作是自由的，不被政治所左右，因此，他加入左联后又自觉地疏离左联，也正是因此，他在《新诗》上明确提出："本刊是不谈政治无关党国的。"冯雪峰理解他的想法，把他当作"政治上的同路人，私交上的朋友"，但别人就未必愿意容忍他了。

《新诗》在全国诗坛掀起新浪潮的时候，左联的刊物《新诗歌》也正好势头强劲。左联以《新诗歌》为阵地，发起了"国防诗歌"运动，在当时的诗坛，也是一件举足轻重的大事。"国防诗歌"的概念是周扬从苏联引入的，很快便在左联倡导下发展起来。它有两个要求："以反帝及组织民众鼓吹民众锻炼民众为内容"，"以大众文化为惟一条件，作为形式去传达内容"（蒲风语）。这样的创作观，自然和艺术至上，主张"纯诗"的戴望舒背道而驰。在戴望舒看来，诗歌可以承载抗争、国防、唤醒民众等使命，但这"诗"却首先必须具备诗的品质。在这个根本问题上，戴望舒和左翼作家们的想法是完全对立的。因此，戴望舒虽然是左联成员，其实那里却没有他的位置。一些左翼作家甚至开始攻击戴望舒。蒲风就曾对戴望舒冷嘲热讽，"要想在诗人戴望舒的作品里找到大众的怒吼，前进的讴歌，我们定会得到百二十分的失望"，"好像一些落魄的地主贵族永远不忘怀昔日的光荣豪华一样"，"轻轻地唱出他的虚无，写出他的古旧的回忆，他诚有没落后投到都市里来了的地主的悲哀啊"。这实际已经超出了正常的文学批评的范畴。而柳倩、江漓、一钟、方殷等，也先后发表针对戴望舒的文章。

戴望舒并未退缩，他正面回应了左翼作家的指责：

"这些人的意思，一切文学都是宣传，他们不了解艺术之崇高，不知道人性的深邃，他们本身就是一种盲目的工具，便以为新诗具有一个功利主义的目的了。"

对于"国防诗歌"，他也丝毫不假辞色：

"反观现在的所谓'国防诗歌'呢，只是一篇分了行，加了勉强的脚韵的浅薄而庸俗的演说辞而已。"

"那些浮浅的，烦躁的声音，字眼，在作者也许是真诚地写出来的，然而具有真诚的态度未必就是能够写出好诗来。"

"'国防诗歌'……所采取的形式，它的表现方法，它的词汇等等，都是不能和大众接近的……"

值得称道的是，即便和左翼作家们激烈交锋时，戴望舒依然坚持自己的编辑原则，以诗歌的质量为准。《新诗》排除了大多数左翼作家，是因为诗学观点存在根本的分歧，更因为戴望舒认为"国防诗人"们文学素养太差，完全是业余的水准。但戴望舒并未刻意地对左翼诗人关上大门，艾青就是典型的例子。与戴望舒同为浙江人的艾青，是左翼诗人中的一员猛将，他的诗观符合"国防诗歌"的基本要求，认为诗歌就应该大众化、为国家民族服务，但他的作品却打动了戴望舒。戴望舒在《新诗》第三期上，编发了艾青的诗歌，并激动地带着刊物，去造访艾青。不巧，艾青有事外出了，他只好留下名片而去。艾青回来看到名片，兴奋异常，立即回访。两位诗人的友情便由此开始。戴望舒对艾青颇为器重，后来在《新诗》上，多次发表了艾青的诗歌，极力把他推向了诗坛的更高处。

9

从 1936 年 10 月创刊，到 1937 年 8 月停刊，《新诗》一共发行了十期，发表了中外诗人的诗作四十余首，译介了许拜维艾尔、里尔克、普希金、歌德、叶赛林等十位欧美重要诗人的作品，同时也发表了不少关于诗歌的理论文章。正如创刊时所说的，《新诗》在这短短十个月的时间里，真正做到了"使这枯萎的中国诗坛繁荣起来"。《新诗》集结了活跃在那个年代的绝大多数诗人、评论家和翻译家，为他们建造了一个大气的、共同的舞台，使他们得到了相对良好的交流环境，不同派别逐渐开始交融。《新诗》的作者，不少都在文学史上留下了自己的印记，这也从一个侧面反映了这本刊物的重要地位。

1937 年 7 月 7 日，抗日战争爆发，日本军队开始全面侵略中国。8 月 13 日，日军进攻上海，在炮火中，《新诗》被迫停刊。

中国现代文学史上最重要的诗歌刊物，在 1937 年 8 月，被战火终结。

抗战的灵魂

南渡香港

1937年7月7日,卢沟桥事变打响了全国抗日战争第一枪。

很快,日本人就开始进攻他们垂涎已久的上海——远东第一大都市,贪婪的日本人怎么可能轻易放过这个都市?

8月13日淞沪战争爆发,尽管中国守军浴血奋战,却最终没能抵挡住日军的炮火,坚守三个月之后,上海终于在11月12日沦陷。

这一突如其来的灾难,给了当时定居上海的戴望舒一个沉重的打击。

那时戴望舒刚与穆丽娟结婚不久,感情稳定美好。他们所居住的亨利路永利村30号也成了当时上海文艺界名人们的重要集散地,这里的沙龙和舞会,同样令人着迷。也是在这个时期,戴望舒创办了一本重要的刊物《新诗》。一切似乎都在向着好的方向发展。

但日本人的疯狂进攻使一切都成为了泡影。

日本人占领上海后,在舆论宣传方面采取了高压政策,一切与日军意愿不合拍的言论,均被禁止。许多出版社、杂志社被整顿或撤销，文人们失去了往昔的园地，更是人心惶惶、无所适从。在高压之下，许多文人选择了封笔，也有不少文人改写一些风花雪月、无关痛痒的文章来谋生，自然也有一些人自甘堕落，做起了日本人的鼓吹手，歌颂起了日本所谓的"大东亚共荣圈"。

戴望舒则靠翻译来养家糊口。这段时间，他编译的《现代土耳其政治》，其实是带着借土耳其来影射中国的意思，"土耳其之引起我们之研究的兴趣，实在是因为它和我国有许多相似之处：土地的丧失，经济和文化的落后，内政的腐败，帝国主义在经济上、政治上和文化上的侵略，种种国权的丧失，还有不平等条约的缔结等等"。甚至发出"与其受人宰割，不如起来拼一死战"的呐喊。这自然是日本人不愿意见到的。挑战日本人的底线，展现了戴望舒的勇气，但也使他察觉到了危险和压力。最终，他决定带上妻子穆丽娟和出生不久的女儿戴咏素南渡香港。

当时，香港在英国的管辖之下，而英国和日本在外交上尚属友邦，因此，香港得以偏安一隅，国内的许多文人都纷纷前往那里避难。此前，戴望舒曾经把自己的诗歌翻译成法语发表出来，香港大学的法国教师马尔蒂女士读到之后，非常欣赏，又得知了诗人的处境，便写信邀请诗人移居香港。这样，香港便自然成了戴望舒逃离上海之后的第一选择。1938年5月，戴望舒携带妻女，与徐迟一家、叶灵凤夫妇等共同搭乘"芝沙丹尼"号邮轮，前往香港。

《星座》副刊：抗日的阵地

到了香港之后，戴望舒一家先是居住在学士台。当时从内地到香港的文人，如丁聪、穆时英、杜衡、徐迟、袁水拍、纪弦、胡兰成、叶浅予等，大都住在附近，往来频繁。

不久后，马尔蒂女士邀请戴望舒一家搬到自己管理的洋房居住，这是一栋三层楼的花园洋房，背山面海，旁边又有树林小溪，自然是诗人所喜爱的，诗人把这房子的名字翻译为"林泉居"（英文原文是 Woodbrook Villa）。戴望舒一家住在二楼东侧。他在这里曾经度过幸福的时光，"这带露台，这扇窗，后面有幸福在窥望"（《过旧居》），他可以潜心写作和翻译，安心阅读，也可以和朋友们自由地交流、聚会。

但在这样的幸福安宁中，戴望舒并没有忘记战火纷飞的内地，并没有忘记在民族危亡面前，自己所应该承担的责任。他甚至曾打算在妻儿安顿好后，只身返回内地，参加抗日活动，但最终未能成行。或许在他最擅长的领域，来发出抗日的呼声，才是最好的选择。

来到香港后不久，戴望舒便找到了工作。那时，"万金油"大王胡文虎的儿子胡好正在筹办《星岛日报》，打算办一个文艺副刊，戴望舒经人推荐，便去与胡好见了面。胡好虽然年仅十九岁，但老成干练、处事果断，令戴望舒非常欣赏；而戴望舒的才华，也很快征服了年轻的胡好。这样,《星岛日报》的《星座》副刊就交给戴望舒来做了。

副刊的名字之所以叫"星座","取义无非是希望它如一系列灿烂的明星,在南天上照耀着"。

在创刊词中,戴望舒写道:"《星座》现在寄托在港岛上。编者和读者当然都盼望着这阴霾的气候早日终结了。晴朗固好,风暴也不坏,总觉得比目下痛快些。但是,若果不幸还得在这阴霾气候中再挣扎下去,那么,编者唯一渺小的希望,是《星座》能为它的读者,忠实地代替了天上的星星,与港岸周遭的灯光尽一点照明之责。"让《星座》成为"阴霾"中的"希望",这在那个时代背景下,其实已经不仅是暗喻了。

在元旦专号上,他又发表了自己的诗作《元旦祝福》,向读者们传达着呼之欲出的战斗激情和坚定的信心:

> 新的年岁带给我们新的希望。
> 祝福!我们的土地,
> 血染的土地,焦裂的土地,
> 更坚强的生命将从而滋长。
>
> 新的年岁带给我们新的力量。
> 祝福!我们的人民,
> 艰苦的人民,英勇的人民,
> 苦难会带来自由解放。

主持《星座》副刊期间，戴望舒编发了大量宣传抗日的文学作品，《星座》迅速成了抗日文学的阵地。郁达夫、萧乾、沈从文、卞之琳、艾青等许多作家都把作品交给了《星座》，以至于戴望舒可以骄傲地宣称："稿子方面一点也没有困难，文友们从四面八方寄了稿子来，而流亡在香港的作家们，也不断地给供稿件，我们竟可以说，没有一位知名作家是没有在《星座》里写过文章的。"老板胡好也根据大家的意愿，把具有投降倾向的总编辑樊仲云解聘了，任命了新的总编，理顺了内部的问题。既宣传抗日，且又有众多作家支撑，《星座》在香港影响日深，连带着令《星岛日报》也增加了许多订户。

但戴望舒等人也时常感到无奈。那时英国和日本外交关系良好，英国人不愿意得罪日本人，便祭出了绥靖政策，对日本的侵略行为采取了姑息观望的态度，在香港，更是严格控制中国人的抗日言行。《星座》因为积极宣传抗日，成了重点检查对象，许多文章在排版之后的审查中被拿掉，这使戴望舒非常愤怒。他用自己的方式表示了抗议，他和《大公报》副刊的负责人萧乾约好，如果有文章因为涉及抗日被拿下，便不再像以往一样补上新的文章，而是就让被拿掉的那个板块空着，"好让读者领教一下香港有多么民主"。到后来，这种"开天窗"的无声的反抗也被禁止了。因为刊登过激的言论，戴望舒多次被香港当局传召，有一次收到内地寄来的一包宣传抗战的材料，他又被警署传唤警告，这令他十分沮丧，"现在还没有亡国，就尝到了亡国的滋味；要是真的做了亡国奴，这寄人篱下的生活，那就更难过了。"

"文协"和《顶点》

在戴望舒主持《星座》副刊的过程中,他还参与了两件大事。一是加入"文协"并成为领导,二是与艾青共同创办了《顶点》诗刊。

"文协"全称为"中华全国文艺界抗敌协会香港分会",后来因为要适应环境,改称"中华全国文艺界协会留港通讯处"。"文协"成立于1939年3月,由当时在香港大学任教的许地山担任负责人,戴望舒当选为首届干事,兼任研究部及西洋文学组负责人,《文协》周刊编委。根据徐迟后来的回忆,这段时间的"文协",许地山似乎更多的是挂个名而已,实际上的领导人却是戴望舒,因为"他的手上有个《星岛日报》副刊,其名曰《星座》,是一个全国性的,权威的文学副刊。大家都自然而然地围绕着他"。在"文协",戴望舒宣传抗日之余,尤其重视培养文学青年,"从来不吝惜他的精力"(冯亦代语)。戴望舒曾经以"文协"的名义,开办过青年文艺讲习班,请了施蛰存来组建和管理,此外还请了冯亦代、徐迟、袁水拍等人来讲课、作报告,为"文协"注入了新鲜的血液,扩大了"文协"在民众中的影响力,也为香港文化界培育了新生力量。此后,戴望舒又组织了纪念鲁迅逝世,以及纪念鲁迅诞辰的活动等,这些活动都是以纪念之名宣传抗日,都取得了很好的效果。《文协》周刊的发行,也使戴望舒绞尽脑汁,他不得不求助香港的各家报社,恳请他们轮流帮着出刊。

戴望舒也和艾青取得了联系。这时,他曾经在《新诗》月刊上重磅推出的青年诗人艾青在诗坛已经颇具影响了。艾青也离开了上海,辗转杭州、武汉等地,最后到了桂林,主持《广西日报》的副刊《南方》。戴望舒一手创办的《新诗》毁于战火,不能不说是一件莫大的憾事,与艾青联系上之后,戴望舒心里又升腾起办一份诗歌刊物的想法。他与艾青商议,"在《星座》中出《十日新诗》一张,把稿费捐出来",用这笔作者们献出来的稿费作为启动资金,让《新诗》复刊。但最终他的这个愿望没能实现。最后两位大诗人通力合作,一在香港,一在桂林,经过大量书信往来,终于在1939年7月,创办了诗刊《顶点》。这是一本高水平的诗刊,在诗坛引起了关注。在这期《顶点》上,戴望舒发表了自己翻译的《西班牙抗战谣曲钞》中的八首,包括阿尔倍谛的《保卫马德里·保卫加达鲁涅》、阿莱克桑德雷·梅洛的《就义者》等,意在借西班牙抗战来激励国人抵抗日本侵略的精神。在《编后杂记》中,编者说:"《顶点》是一个抗战时期的刊物。它不能离开抗战,而应该成为抗战的一种力量。"这里可以看出戴望舒抗日的决心是非常坚定的。当然,戴望舒永远不会放弃自己的艺术追求,这正是他最令人敬仰之处,他接着说道:"但同时我们也得声明,我们所说的不离开抗战的作品并不是狭义的战争诗。"他认为,《顶点》作为一本诗歌刊物,除了抗战的使命,还应该有更重要的意义,任重道远,"使中国的新诗有更深远一点的内容,更完善一点的表现方式"。

但《顶点》的创刊号却成了它的绝响。本来第一期已经开了个好头,后面的工作应该水到渠成,戴望舒和艾青也都开始着手编辑第二期了,刊物却在这好势头中突然被迫停止。"《顶点》的出版是很好的起点,可惜这个名字不好,也难怪这起点就是顶点,再也无法往前了,自然只出了一期,就得寿终正寝了。"(徐迟语)

出于对外宣传中国抗战的需要,老舍代表"文协"重庆总会出面授权戴望舒办起"文协"总会的对外宣传抗战的英文刊物：*CHINESE WRITERS*（即《中国作家》）。戴望舒精通法语,但对这本英语刊物却有劲无处使,不过作为主要负责人,他还是尽力做好了自己的工作。

抗战中的友情

越来越多的人加入香港"文协",使"文协"声誉日隆。国民党政府便支持简又文在香港筹建了"中国文化促进会",想把戴望舒拉拢进去,靠他的名声赚取影响力,戴望舒很快便和他们划清了界限。汪精卫政府也在香港组建了"中华全国和平救国文艺作家协会",网罗了被《星岛日报》解聘的樊仲云来管理。一时间,香港文艺界呈现出鼎足而三的格局。一些原来"文协"的会员,在诱惑之下,转而投向亲日的"中华全国和平救国文艺作家协会",其中便包括了戴望舒的多年好友杜衡。杜衡的变节使戴望舒既震惊又痛心,他当即宣布开除杜衡"文协"会籍,并从此与杜衡绝交。不久，纪弦也依附了樊仲云一方，戴望舒得知后，极为愤怒，他在给艾青的信中写道："路易士（纪弦）已跟杜衡做汪派走狗，以前我已怀疑，不对你明言，犹冀其悔改也。"

戴望舒对穆时英的态度也是如此，并不因为他是自己的大舅子而稍有缓和。1940年春天，穆时英受汪派汉奸头目丁默邨的邀请，回到上海办报纸。在香港有人向戴望舒问起怎么好久不见穆时英了，戴望舒答道："不必想到他了。走了，不在了，到上海去了。这是他留给我老婆的信。真是糟糕得很！"到了6月，穆时英被暗杀。他被认为是汉奸，尽管后来有人试图为他翻案，但至今尚未有定论。在当时，他的汉奸身份，却是很明确的。穆丽娟因为自己的哥哥身亡而悲伤，戴望舒竟然冷漠地说："哭什么，他是汉奸！"这话确实已没有任何感情和温度可言，对穆丽娟自然是极大的伤害，甚至可以说，这种情况下的这样一句话，是缺乏人性的。但这句话也从一个侧面体现了戴望舒对汉奸的痛恨之情。

有人离去，就会有人到来。戴望舒的身边并不缺少朋友，除了老友施蛰存、徐迟、叶灵凤等，在香港，他又交了袁水拍、冯亦代等新朋友。他与冯亦代的相识颇有戏剧性：一天冯亦代到《星岛日报》社找朋友，戴望舒见到了，觉得面熟，便攀谈起来，原来是杭州老乡，在亲戚家里见过，但从未打过交道，竟在香港相遇，并结成了朋友。

此外，他还交了两个朋友，是一对夫妻——萧红和端木蕻良。

萧红原名张迺莹，是一位才华横溢的女作家，1911年生于黑龙江哈尔滨市呼兰区。她与第一任丈夫萧军相遇之后，走上了写作之路，就连鲁迅，对她的才华也是很看重的。她在短短三十一年的生命中，留下了《呼兰河传》、《生死场》这样的杰作。她曾是左翼作家，但后期的作品如《呼兰河传》等显示出对人性和个性的坚决追求，因而偏离了左联的要求，受到了不少的非议，这一点和戴望舒是很相似的。1938年，萧红和萧军分手，随后她与第二任丈夫端木蕻良结婚。

端木蕻良生于1912年，小萧红一岁，是辽宁省昌图县人，主要作品有《科尔沁旗草原》、《曹雪芹》等。

戴望舒在编《星座》的时候，曾向当时居住在重庆北碚的萧红和端木蕻良约稿，萧红把《旷野的呼喊》交给戴望舒连载，而手中没有现成稿子的端木蕻良，也把正在写作中的长篇小说《大江》以随写随发的形式交了出来。

1940年，日军频繁地对重庆实施轰炸，刚好香港大时代书局打算邀请端木蕻良去做《大时代文艺丛书》的编辑，萧红和端木蕻良便决定前往香港。

虽然从未谋面，但戴望舒的热情，远远超出了萧红和端木蕻良的想象。他热忱地为二人介绍朋友，让他们能够更快地熟悉香港，适应这里的生活，并快速融入到从香港文艺界中来。他还多次邀请二人去家中做客，甚至提出让他们搬来同住，此事因为二人已经租定了房子而作罢，但他们因此深为感动。萧红把她的杰作《呼兰河传》也交给了《星座》连载，这既是出于对戴望舒的感激，也是源于对戴望舒艺术眼光的信任。端木蕻良则因为和戴望舒职业同为编辑，有了更多的话题，加上对文学和抗战事业的热情，往来也很密切。

1942年初,萧红这位饱经沧桑的女作家虚弱的身体再也无法维系她的生命,便在三十一岁的年华匆匆离去。两年后,戴望舒在凭吊萧红时,作了《萧红墓畔口占》一诗,这首诗堪称杰作:

> 走六小时寂寞的长途,
> 到你头边放一束红山茶,
> 我等待着,长夜漫漫,
> 你却卧听着海涛闲话。

留守香港

1941年12月7日,日军偷袭珍珠港美军基地,发动太平洋战争。作为美国的盟友,英国立即对日宣战,两国关系破裂,日本也开始无忌惮地进攻香港。

12月25日,香港总督杨慕琦正式向日军投降,香港沦陷,这一天成为香港历史上的"黑色圣诞节"。

那时的港岛,人心惶惶。中共东江纵队在1942年初组织了营救行动,把宋庆龄、茅盾、丁玲、邹韬奋、梁漱溟、何香凝等八百余名各界名人从香港转移到了内地大后方。以戴望舒在文坛的声望,他必然会出现在营救名单上,但他却坚决选择了留守。

对于戴望舒的选择,徐迟给出了两个解释,一是诗人舍不得他的书,又无法带走,所以甘愿留下。

"还在林泉居住着的诗人,每天盘弄他的藏书。……一天天的就这样给书搬家,他是六神无主了。

我们则每天出去奔走,看能怎么走出香港,回到内地去。我们约他一块儿走,他说:'我的书怎么办?'"

诗人是爱书的,舍不得书因而不愿离开的可能性是有的,但如果说这是诗人选择留下的主要因素,则是缺乏说服力的。

徐迟又提出了第二种可能:"看样子他不会走了","也许他是在等丽娟到香港来吧,他是下不来面子的,不愿去上海乞求丽娟的,他只好在这里等着事态的发展"。

那时戴望舒和穆丽娟感情已经破裂,穆丽娟带了女儿回到上海。爱人的弃他而去,使戴望舒真正意识到了自己对她的爱情。但这时为时已晚,穆丽娟已经决定要离开戴望舒。

戴望舒曾前往上海,试图挽回,遭到拒绝。这时,汪精卫政府的汉奸头目李士群想要笼络戴望舒,他许诺如果戴望舒为他们办事,他保证让穆丽娟回到戴望舒身边。戴望舒并不受他诱惑,明确答复:"我还是不能那样做。"

返回香港后,戴望舒一直在无望地期待穆丽娟重回他的身边。他必须留在香港,在渺茫的希望中等待一位对他而言极为重要的人,这或许才是促使他留下的最重要的原因。

但对于他的留守,还有第三种说法。冯亦代晚年时续弦的夫人黄宗英曾写道——

> 我问亦代:"东江纵队从香港搬出进步文化人士是有组织的,为什么要留下戴望舒?"

"需要。"简单的回答并不因为冯大病后语迟。
"解放后也没说明白?"
"不了了之。"
"那望舒的心情……"
"看得很淡。"我深知"看淡"中已回肠百转。
"究竟谁让他留下?"
"小开。"

小开即是潘汉年,当时的营救工作便由他负责,他要求戴望舒留下,自然是因为有任务要交给戴望舒,或许是希望在文艺界保留住自己的旗帜,不至于全部是亲日的声音。

黄宗英的这个说法,尚没有得到更明确的佐证。但冯亦代与戴望舒关系非同一般,而且也没必要对自己的老伴说谎,所以还是有可信的一面。其实,戴望舒作于 1944 年的《等待(其二)》,似乎也可以作为一种证明:

你们走了,留下我在这里等,
看血污的铺石上徘徊着鬼影,
……

把我遗忘在这里,让我见见
屈辱的极度,沉痛的界限,
做个证人,做你们的耳,你们的眼,
尤其做你们的心,受苦难,磨练,
仿佛是大地的一块,让铁蹄蹂践,

仿佛是你们的一滴血，遗在你们后面。

谁走了？谁把诗人独自留下？诗人感觉被谁遗忘？他要成为证人来做谁的耳和眼去看去听，做谁的心去经历磨难？诗人没有言明，但其中的辛酸，从字句间流淌出来。

被囚禁的诗人

早在青年时代，还在震旦大学读书的戴望舒就曾因为参加革命活动，被拘捕并关押了一夜。如果说那只是一次过于严厉的教训，令戴望舒开始认识到革命残酷的一面，那么，他在沦陷后的香港所遭遇的，则是大得多的磨难和考验。

1942年3月，戴望舒正在理发，两个黑衣人突然走近他，说道："戴先生，请你跟我们走一趟。"这两个人是日本特务，他们终于把手伸向了诗人。

日本人最初的打算是，通过诱惑和胁迫，使戴望舒答应与他们合作，提供"文协"会员的名单，以便让他们按照这份抗日文人的名单，逐个消灭，达到一网打尽的目的。戴望舒作为"文协"的领导人，对此自然是一清二楚的，但是他毫不犹豫地回答："不知道。"

诗人的好友端木蕻良也是日本人急于对付的目标。端木蕻良一向在抗日活动中表现突出，大大触怒了日本人。日本人知道戴望舒和端木蕻良关系密切，便想从他口中了解端木蕻良的行踪，甚至提出让他出面指控端木蕻良的抗日言行。

戴望舒依然平静地回答："不知道。"

反复的拒绝使日本人恼羞成怒，他们以"宣传抗日罪"把戴望舒关进了监狱。

阴森潮湿的牢房大大损害了戴望舒的健康，原本已有哮喘病的他，病情越发严重，身体渐渐变得虚弱不堪。更要命的是，他不得不时常面对日本人的审讯。日本人在审讯过程中，动辄对戴望舒施以拳脚，甚至施以种种酷刑，戴望舒一一咬牙承受了下来，坚决不向日本人吐露一个字。

这段噩梦般的牢狱生涯，深深印在戴望舒的心中，令他无法忘却。两年后，他在《等待（二）》中写道：

> 在这阴湿、窒息的窄笼：
> 做白虱的巢穴，做泔脚缸，
> 让脚气慢慢延伸到小腹上，
> 做柔道的呆对手，剑术的靶子，
> 从口鼻一齐喝水，然后给踩肚子，
> 膝头压在尖钉上，砖头垫在脚踵上，
> 听鞭子在皮骨上舞，做飞机在梁上荡……

这或许便是他在狱中经历的种种非人的折磨投射到了文字之中。

戴望舒还曾有一首诗《狱中题壁》，虽然在日本人的严密监控和管制之下，未必真能题写在牢房的墙壁上，但却可以确定是在狱中创作的。用了谭嗣同曾用过《狱中题壁》这个诗名，或许是借此表达自己的决心：

如果我死在这里,
朋友啊,不要悲伤,
我会永远地生存
在你们的心上。

你们之中的一个死了,
在日本占领地的牢里,
他怀着的深深仇恨,
你们应该永远地记忆。

当你们回来,从泥土
掘起他伤损的肢体,
用你们胜利的欢呼
把他的灵魂高高扬起。

然后把他的白骨放在山峰,
曝着太阳,沐着飘风:
在那暗黑潮湿的土牢,
这曾是他唯一的美梦。

　　凶狠残暴的日本人,用尽了方法,始终没能从虚弱的戴望舒那里得到任何有价值的信息,他们也根本未能动摇的戴望舒的斗志,恰恰相反,在他们的拷打和酷刑之下,戴望舒更坚定了反抗的勇气,以及对未来的信心。

曙光到来

　　叶灵凤想尽办法，多方营救，终于在1942年5月把戴望舒从监狱中保释出来。经过狱中的种种折磨，戴望舒的身体彻底垮掉了，根本不复一个三十八岁的壮年男子的模样了。

　　出狱后，经过一段时间的调养，戴望舒便到大同图书印务局做了编辑。这里的老板正是以前《星岛日报》的社长胡好。后来又开了书店，打算卖自己的书以谋生，但因为时局动荡，也没有维持多久。他也在报刊上发表些作品，挣点稿费，但因为受到日本人管制，这些文章多是不谈时政的。直到1943年，戴望舒与小他二十一岁的杨静结婚之后，依然是这样过着日子。

　　但在那种黑云压城的苦闷和压抑之下，要戴望舒完全做到闭口不言，其实是不可能的。1942年7月，诗人写就了杰出的诗篇《我用残损的手掌》，诗中意象的对照让诗歌充满了力量，这是在诗人心中久被压抑，不得不发的力量，这力量直至今日依然令人动容。"残损的手掌"，摸索着残损的祖国，在阴霾中饱经创伤的家国，令诗人心碎，但他仍然不放弃希望，他相信太阳终会驱逐阴暗。

　　国土的沦丧使诗人异常悲痛，他甚至写了一些带有强烈号召性的诗作，如"只有起来打击敌人，自由和幸福才会降临"（《心愿》）。这与他一向的诗歌理念是有出入的。而到了1945年，日本开始节节败退之时，他更是写下了《口号》

这首诗：

> ……
> 看敌人四处钻，发抖；
> 盟军的轰炸机来了，
> 也许我们会碎骨粉身，
> 但总比死在敌人手上好。
>
> 我们需要冷静，坚忍，
> ……
>
> 苦难的岁月不会再延迟
> 解放的好日子就快到，
> ……

　　这是他以前绝不愿意写的类型。这首诗很难说得上有多少文学性，按照戴望舒自己的标准，是不是"诗"，都还不好说。但戴望舒终于还是这样写了，甚至就以"口号"作为标题。这应该是由于经历了太长时间的日本黑暗统治，戴望舒胸中愤怒的火焰熊熊燃烧起来；正好在这时，盟军又在整个战局中取得了较大的优势，天边已现出胜利的光芒，希望越来越真实地显现出来，诗人自然也因此欢欣鼓舞，写起来也就直白得多了。

　　抗战时期，戴望舒还写了一些抗战歌谣，当然是以匿名的形式来写，如"神风，神风，只只升空，落水送终"，讽刺日本的"神风"战斗机，诅咒他们落水送终；"大东亚，啊呀呀,空口说白话,句句假"讽刺揭下日本所谓"大东亚共荣圈"的虚伪面具。

1945年8月15日,日本战败投降,香港终于在经历了阴云密布的"三年零八个月"之后迎来了曙光。

上海自辩与抗战的灵魂

正当戴望舒拖着虚弱的身体,准备好好享受这期盼已久的胜利,享受这久违的阳光,却又出现了令他痛心的事情。

原来抗战胜利后,老舍代表"文协"总会给戴望舒写信,请他出面组织"文协"香港分会的恢复重建工作,并组织调查沦陷期间附逆文化人的罪行。

这时,却传出了戴望舒便是"汉奸文人"的流言蜚语。何家槐、黄药眠、廖沫沙等二十一人联名写信给"文协"总会,直指戴望舒"与敌伪往来",这封公开信在《文艺生活》和《文艺阵地》上同时刊出。结果,香港"文协"被"港粤文协"收编,而戴望舒则不得不前往上海,为自己辩护。

敌人的残暴使他的身心备受摧残,而来自内部的污蔑和诋毁则带给他更大的创伤。在上海,如鲠在喉,不吐不快的戴望舒一挥而就,写成了掷地有声的《自辩书》:

> 我觉得横亘在我的处境以及诸君的理解之间的,是那日本占领地的黑暗和残酷。因为诸君是生活在自由的土地上,而我却在魔爪下挨苦难的岁

月。我曾经在这里坐过七星期的地牢，挨毒打，受饥饿，受尽残酷的苦刑（然而我并没有供出任何一个人）。我是到垂死的时候才被保释出来抬回家中的。从那里出来之后，我就失去一切的自由了。我的行动被追踪，记录，查考，我的生活是比俘虏更悲惨了。我不得离港是我被保释出来的条件，而我两次离港的企图也都失败了。在这个境遇之中，如果人家利用了我的姓名（如征文事），我能够登报否认吗？如果敌人的爪牙要求我做一件事，而这件事又是无关国家民族的利害的（如写小说集跋事），我能够断然拒绝吗？我不能脱离虎口，然而我却要活下去。我只在一切方法都没有了的时候，才开始写文章的（在香港沦陷后整整一年余，我还没有发表过一篇文章，诸君也了解这片苦心吗?），但是我没有写过一句危害国家民族的文字，就连和政治社会有关的文章，我再一个字都没有写过。我的抵抗只能是消极的，沉默的。我拒绝了参加敌人的文学者大会（当时同盟社的电讯，东京的杂志，都已登出了香港派我出席的消息了），我两次拒绝了组织敌人授意的香港文化协会。我所能做到的，如此而已。也许我没有牺牲了生命来做一个例范是我的一个弱点，然而要活是人之常情，特别是生活下去看到敌人的灭亡的时候。对于一个被敌人奸污了的妇女，诸君有勇气指她是一个淫妇吗？对于一个被敌人拉去做劳工的劳动者，诸君有勇气指他是一个叛国贼吗？我的情况，和这两者有点类似，而我的苦痛却是更深沉。

这短短数百字，"不是英雄的慷慨宣言，更非烈士就义前的振臂高喊。可是，它所具有的深沉与悲切，却有着另外一种穿透人心的力量"（李辉语）。

戴望舒忍辱负重，坚守在沦陷后暗无天日的香港，甚至在阴森的牢狱之中，野蛮的酷刑之下，也从未向穷凶极恶的敌人屈服，从未吐露任何一条敌人想要得到的信息。但最终，戴望舒竟被与自己本应在同一战线的人告发、诬陷，联系到前面提到的戴望舒的留守有可能是组织的"需要"，就更令戴望舒伤透了心。戴望舒如实地写下了他在香港沦陷时期的所作所为，并真诚地（也是不无自伤地）写了自己的感受。

在抗战这个问题上，戴望舒所做的一切无愧于他自己的心。

"望舒"是为月亮驾车的神的名字，后来常常被用来代指月亮。正如他的笔名"望舒"，他的灵魂便如一轮皓月，其光辉并不因为人们的物议而稍有减损。

这抗战的灵魂。

翻译生涯与《洛尔伽诗钞》

戴望舒在他短暂的生命中，为我们留下了九十余首诗作，数量并不多，但那些诗歌中呈现出的激动人心的语言和节奏，以及对命运的思考和叹息，使得它们经历时光的打磨之后，依然散发着光辉，同时也使得戴望舒的"诗人"身份被人们熟知和接受。但"诗人"戴望舒所取得的成就远不止于此，不过在"诗人"身份的映照下，他在其他领域的成绩被我们有意无意地忽视了而已，比如，我们在提到戴望舒的时候往往会说"诗人戴望舒"、"雨巷诗人"，却很少说"翻译家戴望舒"。就连现代文学史，也甚少提及戴望舒的译者身份，提到了也往往是一笔带过，轻描淡写。

但事实并非如此，戴望舒在翻译方面取得的成就，绝不会低于他的诗歌创作。一位能够说出"只有坏诗一经翻译才失去一切……真正的诗在任何语言翻译中却永远保持它的价值"的译者，他对翻译的看重以及他对翻译的信心不言而喻。他甚至说："只在用某一种文字写来，某一国人读了感到好的诗，实际上不是诗，那最多是文字的魔术。"在施蛰存的回忆中，精通法语（后来又精通西班牙语、俄语）的戴望舒"译外国诗，和他的创作新诗，几乎是同时开始"。在他的一生中，写作和翻译两项工作，一直是以齐头并进的方式共存，并且互相影响和促进着。他的译作在他的时代产生了深远的影响，时至今日，许多诗人依然把戴望舒的译作视为范本，尤其是他未竟的译作《洛尔伽诗钞》，更是影响了北岛、顾城、柏桦、吕德安、翟永明等诗人，伊沙也曾在微博上说过戴望舒翻译的洛尔伽是极品。

戴望舒翻译的第一首诗应该是雨果的《良心》，那时他还在上海的震旦大学读书。在那里，严厉的老师樊国栋使他经历了严格的法语训练。那位一丝不苟的法国神甫没有料到的是，这个学生在掌握了法语的精要之后，马上就背离了课堂上所教授的浪漫主义文学，把兴趣转向了象征派和后象征派。施蛰存回忆说："望舒在神甫的课堂上读拉马丁、缪塞，在枕下却埋藏着魏尔伦和波德莱尔。……但是，魏尔伦和波德莱尔对他也没有多久的吸引力，他最后还是选中了果尔蒙、耶麦等后期象征派。"雨果的《良心》虽然属于浪漫主义，并不是戴望舒当时渴望阅读的那一种类型，但或许是因为取材于《圣经》，得到了神甫老师的特别关注，课堂上老师的过度强化，使戴望舒对这首诗留下了深刻的印象，并有了翻译的欲望，于是《良心》便成了他的第一首译作。当然，那个版本和最后印在出版物上的版本之间，已经经历了许多次修改。

那时，戴望舒和施蛰存、杜衡等办了一个文学刊物《璎珞》，用来发表他们自己创作和翻译的作品——当时他们在文坛上都还没有名气，缺少发表作品的阵地。戴望舒的一些早期译作就发表在《璎珞》上，其中较有影响的是翻译魏尔伦的《瓦上长天》。魏尔伦是法国象征主义诗歌的代表人物，作品中充满音乐感的韵律，给诗歌注入别样的风情，但同时不免也使诗歌变得难以翻译，因为两种截然不同的语言转换之后，既要做到意思准确、字词精当，又要保留原有的韵味，实在是非常不容易的。但戴望舒另辟蹊径，用了文言文而非当时盛行的白话文来翻译，总算保留住了诗歌的音韵，而古典小令的形式，也使诗歌显得古色古香、充满韵味：

　　瓦上长天
　　　　柔复青！

瓦上高树
　　摇娉婷。

天上鸣铃
　　幽复清。
树间小鸟
　　啼怨声。

帝啊，上界生涯
　　温复淳。
低城飘下
　　太平音。

——你来何事
　　泪飘零，
如何消尽
　　好青春？

　　或许这算不上杰出的翻译，但对于刚刚起步的译者来说，已经算是难能可贵了。
　　那时的戴望舒，也敢于挑战翻译界的前辈。当时在翻译界颇有影响的李思纯旅法归来，将自己翻译的法国诗歌汇集成了一本《仙河集》，在吴宓主持的《学衡》上发表。戴望舒读到之后，发现其中错漏之处很多，便写了长文《读〈仙河集〉》，对李思纯的译本作了细致的分析，其中不乏严格的批评。但因为那时戴望舒还是个无名小辈，点名批评名家的行为容易被人们视为冒犯，因此《学衡》和其他刊物都没有发表这篇文章，戴望舒便把它发在了《璎珞》上。李思纯本人后来看见了，据说终身就没有再发表过译诗，这也从一个侧面说明了戴望舒的批评是能够站得住脚的。

1927年下半年，戴望舒和杜衡寓居在松江施蛰存家，后来冯雪峰也来了，四人把施蛰存家的阁楼当成了居住和活动的空间，取了个名字叫"文学工场"。他们通过阅读交谈，各自在文学造诣上，都有了突飞猛进的进展。

在这里，戴望舒翻译了法国作家夏多勃里昂的两部小说《阿达拉》和《勒内》，后来由开明书店合为一册出版，名字改为《少女之誓》。他又与杜衡合作翻译英国诗人道生的诗歌和诗剧。这里有个和戴望舒批评李思纯类似的故事——杜衡在《小说月报》1926年第十六卷第十号上读到了傅东华翻译的道生的诗剧《参情梦》，觉得错漏百出，于是写了批评文章，也是发表在《璎珞》上。到了松江之后，杜衡念念不忘道生作品的翻译，便拉了戴望舒一起干。翻译完成后，他们把译稿定名为《道生诗歌全集》，但被冯雪峰批评说道生作品太消极，就没有为它寻找出版商。直到1983年，湖南人民出版社出版《戴望舒译诗集》，才由施蛰存选发出来几首，因为"没有分别注明译者，多数诗都无法分辨是望舒的译文还是杜衡的译文，因此，我只能拣我记得的望舒译文增补了三首"。1989年，戴望舒家乡的浙江文艺出版社编印《戴望舒诗全编》，施蛰存终于把戴望舒和杜衡所译的道生作品全部整理出来，但大多数作品的具体译者，成了永久的谜。

到了 1928 年，戴望舒在震旦大学的同学刘呐鸥打算在上海办杂志、开书店，他们四人前往上海帮忙。他们开办了水沫书店，并做了一本杂志叫《无轨列车》，后来又办了《新文艺》。戴望舒在这个时期翻译了他所喜爱的法国诗人耶麦的作品，以及高莱特、阿索林等法、西作家的作品。因为受冯雪峰的影响，戴望舒对苏联文学也产生了很大的兴趣，翻译了苏联作家里特进斯基的《一周见》、伊凡诺夫的《铁甲车》。但戴望舒对无产阶级的文学和思想，并不是人云亦云地盲目接受，在这个问题上，他显示出了难得的清醒，一边靠近，一边也在积极反思。他翻译了波兰作家显克微支的《唯物史观的文学论》，在译后记中他写道："作者对于唯物史观在文学上的应用戒人夸张，他对于把事实荒唐地单纯化的辛克莱的艺术论，加以严正的批判。"并认为这本书的出版对那些凡事都要上纲上线，不分青红皂白，只会祭出唯物史观来考量的人来说，"倒是一味退热剂"。

在这个时期，他的重要译著还有《爱经》。《爱经》是由古罗马诗人沃维提乌斯（奥维德）的长诗《爱的艺术》翻译而来，戴望舒用了散文的方式来演绎这首长诗。这是一部讲述如何恋爱的书籍，而译者戴望舒当时正好陷入到对施绛年的苦恋之中，或许正好与这部作品产生了共鸣。刚好当时世界书局打算要出一套以爱为主题的《唯爱丛书》，被认为情意切切、格调不高。它与《爱经》同时在《申报》打广告，连累《爱经》受到了鲁迅的严厉批评，"今年大约要嚷恋爱文学了，已有《唯爱丛书》和《爱经》预告出现"。好在后来鲁迅发现了是个误会，在批评的文字上删除了"和《爱经》"这几个字。

随后在施蛰存主编的《现代》上，以及《文艺月刊》上，戴望舒翻译了大量西班牙作家阿索林的文章。可以肯定的是，对认为"文学的工作应该是忍受和爱"的阿索林产生了很大的影响，启发了他自己的创作，同时也把他真正引入了对西班牙文学的热爱中去。

1932年底，为了兑现对施绛年的承诺，戴望舒不得不前往法国留学。他先是留在巴黎，在巴黎大学旁听，又去另一个学校学习西班牙语——由此可见，之前他翻译阿索林的作品，或许不是以原文版本作为母本。总之，在巴黎，戴望舒并没有把精力放在课堂上，倒是因为经济上的紧张，不得不写作和翻译，让施蛰存在国内给他寻求发表和出版的机会，以此维持生计。施蛰存为了替他筹钱，可谓绞尽脑汁，另一方面，施蛰存逼债式的催稿也使他丝毫不敢懈怠，完成了不少译作。一旦经济压力稍有缓解，戴望舒最乐意的，还是和罗大冈等友人在塞纳河左岸的书摊游逛，淘到了不少好书，他从中自然也受益不浅。转学到里昂中法大学之后，戴望舒同样丝毫不把上课放在心上，照例在阅读和翻译中度日。在法国期间，他翻译了《法兰西现代短篇集》、《高龙芭》、《紫恋》，并根据法文本译出了《意大利短篇小说集》、《比利时短篇小说集》、《苏联文学史话》等。受法国作家艾登伯的委托，他把施蛰存的《魔道》、张天翼的《仇恨》等翻译成法语，介绍给法国读者。他也翻译自己的诗歌在法国的刊物发表，大概有《游子谣》、《夜行者》、《深闭的园子》、

《过时》、《三顶礼》、《妾薄命》几首。翻译自己的作品,到后来他也偶尔为之,香港大学的马尔蒂女士正是因为读了他的诗歌的法文版,甚是欣赏,才写信邀请处于沦陷的上海的戴望舒一家南渡香港的。

到了法国之后不久,戴望舒就开始策划去西班牙旅行,对西班牙文学的热爱使他对西班牙这个浪漫热情的国度充满向往。他在巴黎选择学习西班牙语,很大程度上便是为此目的。数度前往西班牙的打算都因为缺少足够的金钱而被迫放弃,令戴望舒感到深深的失落。直到1934年8月22日,他终于踏上了梦想中的旅程。

戴望舒从里昂贝拉式火车站上车,开始了他的西班牙之行。

这次旅行花了将近三个月,戴望舒也认识到了三个不同的西班牙:"第一是一切旅行指南和游记中的西班牙,那就是说历史上的和艺术上的西班牙。这个西班牙浓厚地渲染着釉彩,充满了典型人物。……然而你要知道这是最表面的西班牙,它的实际的存在是已经在一片迷茫的烟雾之中,而行将只在书史和艺术作品中赓续它的生命了。"这一个意义之下的西班牙无疑是高贵艳丽的,散发出文艺的气息,令人迷醉,但戴望舒已经意识到,对于西班牙文化,这不过是一件漂亮的衣服。"西班牙的第二个存在是更卑微一点,更穆静一点。那便是风景的西班牙。……这是更有实际的生命,具有易解性(除非是村夫俗子)而容易取好于人的西班牙。因为它开拓了你对于自然之美的爱好之心,而使你衷心地生出一种舒徐的、悠长的、寂寥的默想来。"而这一层面的西班牙在戴望舒看来则像是西班牙文化的肌肤，令人觉得亲切美好，但却不够深沉。"然而最真实的，最深沉的，因而最难以受人了解的却是西班牙的第三个存在。这个存在是西班牙的底蕴，它蕴藏着整个西班牙，用一种静默的语言向你说着整个西班牙，代表着它的每日的生活，象征着它的永恒的灵魂。……这是一个式微的、悲剧的、现实的存在，没有光荣，没有梦想。……这就是最深沉的西班牙，它过着一个寒碜、静默、坚忍而安命的生活，但是它却具有怎样的使人充塞了深深的爱的魅力啊。"最终，作为第三种存在的西班牙指向了更深的深处，就像是西班牙文化的血肉和骨髓，甚至于灵魂，戴望舒洞见了一个至理，即文化是由最细微，甚或卑微的事物构成，他感受到了这"难以受人了解"的深沉的"魅力"。

这是题外话，但这种观念却体现了戴望舒的思考，这样的思考对他的创作和翻译是不无裨益的。他试图把自己放在某一个文化之中来观照这个文化，而不是站在文化之外浏览，这需要他毫无保留地投入情感，让自己融入到这种文化之中。他的创作和翻译也是如此，尤其是翻译，他必须首先进入作品，深入作品的内核，通过作品的指引，由此找到翻译的方式，这和那种仅仅按照字面意思，逐字逐句翻译、肢解作品的做法，实在是大异其趣。

在西班牙，戴望舒买到了许多好书，包括《堂吉诃德》的好几个版本，还有"阿耶拉全集，阿索林，乌拿莫诺，巴罗哈，瓦利英克朗，米罗等现代作家的小说和散文集，洛尔伽，阿尔倍谛，季兰，沙里纳思等当代诗人的诗集"等。

在马德里的某一个书店，戴望舒伸手从书架上拿下洛尔伽的诗集。在这之前，戴望舒曾经听到过洛尔伽的名字，他后来曾对施蛰存说："广场上，小酒店里，村市上，到处都听得到美妙的歌曲，问问它们的作者，回答常常是：费特列戈，或者是：不知道。这不知道作者是谁的谣曲也往往是洛尔伽的作品。"而现在他的指尖终于触碰到了洛尔伽的诗句，他分明感受到了这些文字中包含着的体温。戴望舒和洛尔伽这两个都爱好诗歌的人的思想终于在深邃的时光中碰擦出璀璨的火花。"他当时就在这样的感动之下，开始深深地爱上洛尔伽的作品并选择了一小部分抒情谣曲，附了一个简短的介绍，寄回祖国来发表在一个诗的刊物上，这是国内读者第一次读到中文的洛尔伽诗歌。"

洛尔伽占据着戴望舒的心，就像一个魅惑的情人一般——艺术和爱情有时一致得令人感到惊慌。当戴望舒回到法国，拜访许拜维艾尔的时候，戴望舒说道："我所爱的西班牙现代诗人是洛尔伽和沙里纳思。"后来这两位诗人的诗作他都翻译过，但最被人称道的，始终是洛尔伽，或者这么说——戴望舒翻译的洛尔伽。

洛尔伽，全名为费德里科·加西亚·洛尔伽，1898年6月5日出生在格拉纳达十英里外的小村庄牛郎喷泉（Fuente Vaqueros），他被认为是20世纪西班牙最伟大的诗人。他留下的诗集主要有《诗集》、《深歌集》、《最初的歌集》、《歌集》、《吉普赛人谣曲集》、《诗人在纽约》、《献给伊格纳乔·桑切斯·梅希亚斯的哀歌》、《塔马里特波斯诗集》、《十四行诗》等，对世界文坛产生了重大的影响。

回到法国之后，戴望舒很快就翻译了一组洛尔伽的诗歌，他把这些诗歌寄给了在国内的施蛰存。施蛰存当时已经离开现代书局，正与康嗣群筹办一本新的刊物《文饭小品》，便把这七首诗发在了创刊号上。这也就是前文提到的"国内读者第一次读到中文的洛尔伽诗歌"，那是在1935年2月。戴望舒后来为此也很得意，他说："译者引以为自豪的，就是当英美诸国还没有知道洛尔伽的名字的时候，中国的读者已读到他的名篇。"那个时代的资讯和今天相比，是非常落后的，但因为科技和制度等原因，欧美还是比中国发达得多，但他们并没有像戴望舒一样热切地阅读一个三十多岁、年纪尚轻的诗人，或许直到洛尔伽死于独裁者的黑手之后，引发了全世界的震惊和愤怒，他们才真正开始关注起了他的诗歌；戴望舒却是在自己敏锐的诗歌触觉的指引下，通过在广场、在集市、在酒店里听到的歌谣，通过能够翻阅到的洛尔伽的文字，走入了这位诗人的世界。那时的中国读者，无疑是非常幸运的。

在西班牙的三个月时间里，戴望舒并没有见到洛尔伽。当戴望舒从里昂启程，一路流连地向西班牙行进之时，洛尔伽正陷入深深的悲伤之中，他的好朋友——斗牛士梅亚斯在斗牛场上身受重伤，最终不治。梅亚斯已不再年轻，但他宁愿死在斗牛场，也不愿意死在自己的床上，于是他决定重返斗牛场。洛尔伽说："他对我宣布了他自己的死亡。"好友的死亡令诗人无比心痛，他闭门谢客，独自触摸这深入骨髓的摧伤。到了10月，他开始为亡友写作长诗《伊涅修·桑契斯·梅希亚斯的挽歌》，这首诗被很多人认为是他一生中最杰出的诗篇，后来经戴望舒翻译后，收入了《洛尔伽诗钞》。

这一次的错过，使戴望舒永远失去了与洛尔伽面对面的机会。1936年8月18日，西班牙独裁者佛朗哥派人杀害了年仅三十八岁的洛尔伽。巨大的悲伤和遗憾席卷而来，"从那时候开始，戴望舒就决定要把洛尔伽的诗歌更广地更系统地介绍给我国的读者"。

更广地、更系统地翻译洛尔伽的作品，是戴望舒许下的宏愿，这个愿望贯穿了他余下的全部生命。但事情的进展和人们的愿望总是背道而驰，命运总是在跟人开玩笑。

1936年8月，当洛尔伽死于独裁者的黑手时，戴望舒正在上海筹办一本全新的诗歌刊物——《新诗》。那时，刊物即将出版，戴望舒既要约稿、审稿，又要操心刊物的征订发行，虽然这工作令他感到充实，但也确实足以令他无暇他顾。随后的一年，《新诗》影响日深。在全部十期《新诗》中，翻译作品占了很重的分量，每期重点译介一位欧美诗人及其作品，包括里尔克、普希金、叶赛林、歌德等，戴望舒自己翻译的有许拜维艾尔、沙里纳思、阿尔托拉季雷三人。我想这并非是戴望舒有意回避了自己喜爱的洛尔伽，而是因为那时他手中翻得传神的洛尔伽诗歌可能并不多，他或许是希望能有更让自己满意的译作出来之后，再来作一次隆重的推介。可惜天不遂人愿，《新诗》在鼎盛之时，终止于日本人的炮火，所有的计划也都随之成为泡影。

随着上海沦陷，戴望舒举家移居香港。

在香港，戴望舒除了挣钱养家，又加入了"文协"香港分会并成了实际上的领导人，种种事物，耗去了他太多的精力。他和艾青共同创办了《顶点》诗刊，但或许因为这个刊物带着明显的抗日色彩，"《顶点》是一个抗战时期的刊物。它不能离开抗战，而应该成为抗战的一种力量"，所以，他只选发了自己翻译的《西班牙抗战谣曲钞》中的几首诗，试图以此激励国人。洛尔伽的诗歌则并没有选入。

随后的生活充满苦难，戴望舒经历了两次离婚，虽然戴望舒感情生活的失败与他自己处理不当有关（尤其是与穆丽娟之间的爱情和婚姻），但爱人的离开确实令他痛彻心扉，这也是不争的事实。发生在香港的两次失败的爱情使戴望舒陷入深深的痛苦之中。而日本人的监狱却彻底摧垮了他的身体，潮湿阴冷的空间，加上动辄实施的刑罚，他的身体早已突破了忍受的极限。他的哮喘变得非常严重，并且成了他永远无法挣脱的噩梦，蚕食着他的生命。出狱后，他长期生活在日本人的监控和感情生活破裂的苦闷中，后来又被同一阵营的多名作家联名写公开信诬陷为汉奸，又缺少足够的经济来源，生活愈见窘迫。种种挫折和灾难纷至沓来，令戴望舒疲于应付，能够挤出来写作的时间就更少了。

戴望舒到了北京之后，对新时代的梦想促使他拖着虚弱的身体，承担起了许多繁重的工作，直至1950年，他猝然离世。

此前两年，他在上海和施蛰存见面。施蛰存问起他翻译洛尔伽诗歌的进展，他只能无奈地回答"还没有完成"。对于这项工作的延迟，除了前面说到的生活中的因素，施蛰存后来也提出了两个原因："第一是因为洛尔伽的诗不容易译得好。我最近校读望舒译稿时,深深体会到这一点。一个民族的典型的文学形式,要在另一个民族的语文中表达得恰到好处,确是不容易的——虽然未必就是不可能。第二,恐怕也是主要的原因,是没有得到'诗人在纽约'的西班牙原文本,他原打算在这一个集子里多选译几首诗,把洛尔伽所走过的诗歌的道路更全面地介绍过来。"

但洛尔伽毕竟是戴望舒热爱的诗人。这种热爱带领着戴望舒在现实的苦难中、在身心的伤痛中找到了短暂的宁静。这偶然一现的平静的空间足够让戴望舒进入洛尔伽的诗歌。

戴望舒为我们留下了那些被称之为"极品"的译作。那只是洛尔伽诗作中的一小部分,但仅仅是这一小部分,也散发出了耀眼的光芒,影响了中国的数代诗人。翟永明说:"但就是已完成的这一部分,也在 80 年代的中国诗人中间引起了关注。所有的诗人都会记得《梦游人谣》中的诗句:'绿呵绿,我多么爱你这种颜色。绿的风,绿的树枝。船在海上,马在山中。'"直至今日,这影响也并没有要消退的意思。

正如施蛰存所说,洛尔伽的诗歌是难以翻译的。戴望舒为了达到更加完美的翻译效果,所费的心血实在不少。

王文彬在写到戴望舒译洛尔伽诗歌时,用两首诗来举了例子。其一是《冶游郎》,最初这首诗歌的译名为《昂达鲁西亚之歌》,其中诗句是这样翻译的:

你徒然走去,走来:
我把我的门儿上了锁。

像这样的翻译其实已颇不错了，舒缓平静，正与戴望舒自己的风格相近，但译者随后进入到更高的层面，他意识到不能用自己的风格来取代洛尔伽的风格，不能用翻译取代原作，而洛尔伽的诗风，本是充满歌谣般的轻快的。于是这首诗最终定稿为《冶游郎》，这两句也改为：

> 不用调笑，不用彷徨，
> 我已把门儿锁上。

在这里节奏感明显得到了加强。而后面的"我小小的心儿是很远"改为"我的心儿在远方"，"让他一任风吹"改为"一切都叫风吹过"，都是传神地加入了歌谣的元素，变缓慢为轻盈。

另一首诗是《树呀树》，诗中写了骑士、斗牛士、少年三人与小姑娘之间的对话，原诗中洛尔伽对小姑娘的三次反应用了同样的描述，因此在初稿中，戴望舒也相应地用了同样的表达——

> 美人儿听也不听

但后来戴望舒感到这样的翻译显得单调，翻译应该可以比原文更加丰富，至少在形式上更多样，因此他让小姑娘的这三次反应有了不同：

> 小姑娘不听他。

　　　　小姑娘不理他。
　　　　小姑娘不睬他。

　　三句之间，虽然只是一字之差，但却立即带来了更加生动的气息。

　　除了前面提到的几首诗，其他译作中的神来之笔也很多，如《三河小谣》中，"哎，爱情呀，一去不回头！……哎，爱情呀，一去永随风！……哎，爱情呀，一去不回乡……哎，爱情呀，一去永无踪……哎，爱情呀，一去不回顾！……哎，爱情呀，一去永难忘！"在细微之处的敏锐感觉，使译作鲜活灵动。这首诗的赵振江译本《三水谣》，只用"啊，爱情啊，一去不复还……啊，爱情啊，/随风倒天边"两种表述多次反复，则显得太实了，也没有歌谣的味道。两者的"轻"与"重"，不言自明。

　　又如《伊涅修·桑契斯·梅希亚斯挽歌》第二章节中，戴望舒译本的"我不要看它！"和赵振江译本的"我不想看那鲜血流淌！"，也是大异其趣。戴望舒的翻译无疑更好地表现了诗歌的气质。两人翻译的不同，或许也是诗人和学者把握诗歌的方式不同，诗人们往往通过感受、体验来进入诗歌，学者则愿意通过理性思维来解读诗歌，这就使得同一首诗在他们眼中呈现出不同的光泽和质地。

　　传神的翻译需要某个灵光乍现的时刻，在深入一首诗之后，译者所能做的，只是等待这个天赋的时刻到来，正如韩东在《等待与顺应》中说到的一样。这也正是为什么施蛰存认为"洛尔伽的诗不容易译得好"。这种可遇不可求的感觉，大大降低了戴望舒翻译的速度，最终他留下的《洛尔伽诗钞》手稿中，仅有三十二首诗，其中至少有七首还是他在法国时翻译的。而这些译作，直到他去世，也没能结集出版。

1956年，戴望舒辞世六年之际，作家出版社请施蛰存编辑整理了戴望舒翻译的《洛尔伽诗钞》，施蛰存欣然应允，完成了老友的遗愿。因为戴望舒没能找到洛尔伽《诗人在纽约》的西班牙文本，这些译诗中也就没有出自这个集子的诗歌。为了弥补这个遗憾，施蛰存自己翻译了其中的一首《黎明》加了进去，于是《洛尔伽诗钞》便有了三十三首诗歌。

1983年，湖南人民出版社又邀请施蛰存整理了戴望舒的译作，出版了《戴望舒译诗集》，这本集子包含了能够找到的戴望舒的全部译诗，《洛尔伽诗钞》自然也在其中。

1989年，浙江文艺出版社出版《戴望舒诗全编》，也把译诗全部收入。

2012年6月，花城出版社出版了《洛尔迦的诗》，收入了戴望舒翻译的三十二首诗，此外是翻译家陈实女士所译的洛尔伽的其他诗作。

毫无疑问，戴望舒翻译的洛尔伽的诗作，已成了诗歌翻译的范本。而戴望舒本人，也成了译者的范本。

第四辑　戴望舒小传

——七城记

一个人的生活历程，总是由一些地点构成。某几个地名对于一个人的成长和经历，或许将有着极其重要的意义。这些地名终将成为某一个人生命中不可磨灭的背景和坐标，成为他自己的地理。对于诗人戴望舒，留下他生命印记的地点主要有——杭州、上海、松江、巴黎、里昂、香港和北京。

北京之一：朝晖或夕照

1950年2月28日，北京，南池子。

室外的光线透过狭长的窗子，照进室内，经过玻璃折射的光线照到屋里一个高大男子的身上，又把他的影子投射向远端的墙壁。灰尘在光线中飞舞，使整个场景显得十分宁静。但这宁静随即便被一阵剧烈的喘息声和咳嗽声打破，就像一场暴雨终于挣脱了厚重的乌云的束缚，雨水突然倾泻下来，波澜不惊的场景顿时变得波涛汹涌，那高大男子的身影便如风浪中的一条小船，颠簸浮沉，不由自主，直至这一轮的风浪过去，这一轮的喘息和咳嗽才停止。

高大男子的脸庞因痛苦而扭曲，他看来只不过是中年，面容依旧年轻，但他魁梧的身体却显得说不出的苍老，摇摇欲坠，仿佛疾风中挂在枝头等待最终飘落的树叶。他蹒跚着走到书桌前，每一步似乎都要用尽全身力气才迈得出去。他清楚自己的症状，喷雾剂已经无法再带给他安慰，他决定再给自己来上一针麻黄碱，把这可恶的哮喘平息一下，以便换得片刻的安宁。他加大了剂量，随着药水流进静脉，又随着静脉流经全身,他感到那双撕扯着他的肺和气管的无形的手渐渐放松下来,他想他终于可以松一口气了。突然,他的心脏猛烈地跳动起来,像一阵密集的鼓点,他刚刚松弛下来的身体随之颤抖起来。他伸出手,似乎想在眼前的光线中抓住点什么,但最终他什么也没能抓住,意识逐渐模糊,如潮水退去。他终于倒了下去,最后的时间变得缓慢,许多影像又重新出现在他的脑海中。

杭州:成长和烦恼

时间退回到 1905 年。

像别的任何时候一样,世界按照自己的步伐,在时间的旷野上,平静地前行。

这一年,世界发生了许多事情,我们要说到的,中国现代文学史中的重要诗人、翻译家、文学家戴望舒就诞生在这一年。

戴望舒的具体出生日期,不同的资料有着不同的说法,有说生于 3 月 5 日的,有说生于 10 月 23 日的,有说生于 11 月 5 日的。但其实,不论出生于哪一天,都不会影响戴望舒在中国现代文学史中的重要地位。

1905 年,杭州。

这座古老的城市名列中国"七大古都"之一,人杰地灵,醇厚的文化底蕴从它的内部散发出来,从容地浸润着生活在这里的人们。世纪初的人们并不知道接下来这个世纪会让他们的生活发生怎样的变化,他们经历着时代变化的动荡,但生活依然平静。

一阵婴儿的啼哭声打破了四周的宁静,孩子的出世总是令人欢欣鼓舞的,让这户姓戴的人家顿时充满了喜气。

这个婴儿,正是戴望舒。

他的父亲戴立诚,字修甫,是一名职员。母亲卓文临,字佩芝,出身于书香门第。他还有一个大他两岁的姐姐,名叫戴瑛。

儿子的出生,给这个家庭带来了新的希望。父母满怀希望地给新生儿子取名为戴丞,表字朝寀。"丞"和"寀"都有"官"的意思,这意味着,父母希望他们的孩子能够顺利地走上仕途,平步青云,而这正是那个时代几乎所有父母对孩子的期盼。

戴望舒的童年生活本应该是波澜不惊的,虽然家境并不富裕,但也足以自给。严父慈母的关爱使他的童年在安定的环境中度过,尤其是母亲卓佩芝女士,因为出身于读书人家,常常给年幼的戴望舒说一些文学典故,这或许正是戴望舒的文学启蒙课。

不幸的是,一场天花给戴望舒的童年乃至整个人生蒙上了一层阴影。虽然经过细心调理和治疗,侥幸自病魔的手中逃脱,但这场可怕的疾病终究在他的脸上留下了瘢痕,这终生伴随着他的印记,使敏感的他陷入到一种莫名的自卑之中。年幼时,戴望舒便常被一同玩耍的小伙伴们戏称为"麻子",直至成年后,也常被朋友们善意地取笑。一次和杜衡、纪弦、张天翼等朋友在酒楼吃饭,戴望舒说:"谁个子最高谁付账,好不好?"身材最高的纪弦答道:"谁脸上有装饰趣味的谁请客。"大家听不明白,杜衡解释道:"不就是麻子吗!"戴望舒虽不因此生气,但这些玩笑终于在他的内心形成了无法化开的块垒,随之而来的自卑笼罩了他整整一生。

四岁时戴望舒随父亲移居北戴河,回到杭州时,已经到了上学的年龄。那时,震惊世界的辛亥革命已经发生,这次革命推翻了清朝的统治,结束了中国历史上绵延两千多年的封建帝制。新式的学堂正在兴起,但传统的学堂依然占据着主流的位置。戴望舒的父母经过长时间的考察和讨论,最终在返回杭州一年之后,即戴望舒八岁的时候,做出了决定。戴望舒根据父母的意愿,进入杭州鹾务小学学习。鹾务小学是杭州当时教学质量最好、管理最严格的学校,校长是一位典型的守旧派老夫子,对四书五经等中国古代经典十分偏爱,同时又是一位书法家,对学生的教育有着旧式私塾先生的古板和严谨,学生们在学校除了学习国学,还要练习书法和太极拳等。小学时代的学习,为戴望舒打下了扎实的中国古典文化基础。

1919年,五四运动在北京爆发。同年,十四岁的戴望舒考入了杭州宗文中学。这是一所只招收男性学生的私立中学,在当地享有极好的口碑。宗文中学的校长同样是一位旧派的先生,思想保守,对新文学嗤之以鼻。但正是在这里,戴望舒开启了他一生的文学之路。当人在一个领域中的工作得到别人积极回应的时候,这无疑会带来巨大的精神动力。人们总是需要一些志同道合的人,尤其是在人们刚刚走进某一领域的时候,更需要来自伙伴们的激励和批评。在宗文中学,他认识了戴克崇(杜衡)、张原定(张天翼)、叶为耽

（叶秋原）等人，并成为好朋友。

而在 1921 年，十六岁的戴望舒结识了他生命中的一个非常重要人物——施蛰存。施蛰存祖籍也在杭州，八岁时全家迁到松江。他们因为各自对文学的热爱而结交，互相钦佩，一见如故，但最开始他们只把对方当成一个志趣相投的朋友，而完全没有意识到他们的相识对各自的一生将会产生如何巨大和深远的影响，也完全无法预知，他们的相识将成为中国现代文学史上最伟大的相识之一。

此后，戴望舒与朋友们成立了文学社团"兰社"，并创办了社团刊物《兰友》旬刊，戴望舒自己担任编辑部主任，而编辑部也设在他的家中。"兰社"虽然并不是一个成熟和成功的文学社团，社刊《兰友》更是把内容定位在以旧体诗词和小说为主，但这却是戴望舒和他的朋友们进入文学的第一个脚印。戴望舒本人也开始了文学创作，并向上海的刊物投稿，他甚至尝试了翻译欧美文学作品。

杭州，这座充满浓郁人文气息的城市，见证了戴望舒从呱呱坠地到成为文学青年的成长历程。这个时期，他和朋友们创办了自己的文学刊物，他的小说《债》、《卖艺童子》、《母爱》等以及一些短文和译作先后在《半月》、《星期》等刊物上发表。杭州把江南的灵秀之气注入戴望舒的灵魂，江南的烟雨和缠绵注定要陪伴他一生。尽管戴望舒还没有真正找到最适合自己的文学表达方式，而仅仅是表现出了对文学的向往，并尝试着向文学之路迈出了第一步，但这对于他今后的整个文学生涯无疑是重要的。没有这个开端，就不会有后面随之而来的丰硕成果。在这里，年少的戴望舒，犹如一只渴望飞翔但却羽翼未丰的幼鸟，尝试着向文学的天空发出了自己青涩的声音，尝试着张开自己幼小的翅膀。

上海之一：激情年代

1923年，戴望舒结束了四年的中学时光。从宗文中学毕业后，他开始考虑自己的未来。五四运动虽然过去几年了，但这场运动传达出来的启蒙思想却越来越深入人心。小学和中学都是父母做主替他选择的，多年来僵化的传统教学模式，让他越发想要呼吸一口新鲜的空气。现在，十八岁的戴望舒将要根据自己的志愿，为自己选择一所大学。

刚好，就读于杭州之江大学的好友施蛰存因为思想激进，受到学校的排挤，自动辍学，两个好朋友于是同时考进了上海大学。

上海早在1842年便在不平等的《南京条约》中，被指定为通商口岸。几十年来，各国人士多从此经过或在此停留，上海成为了一个多种文化交汇融合的集散地。外国人带来的西方的民主观念，潜移默化地影响着这座充满张力的城市，使它散发出诱人的气息。

当时的上海大学，创办时间并不长，规模不大，在学术界的影响力也只能说一般，但却像上海这座城市一样，充满青春的激情。上海大学的校长是国民党元老于右任，但其骨干力量却是由共产党人和进步的民主人士构成，瞿秋白、恽代英、邓中夏、陈望道、萧楚女、茅盾、田汉、任弼时、俞平伯等当时都在上海大学任教，他们传达给学生的，无疑是在那个时代看来充满活力，甚至显得有些激进和危险的思想。而这正是上海大学最符合青年学生心理需求、最能吸引青年的地方。戴望舒和施蛰存两个充满激情和梦想的年轻人，无疑感受到了这种来自内心的召唤。

　　大学让戴望舒进入了一片全新的天地，这是以往从未有过的体验。他和茅盾、田汉等教员建立了良好的关系，常在课后交流，这在由老派读书人主持的学校是不可想象的。在大学，戴望舒也结交了不少新同学，丁玲、孔另境等都在其中。老师们上课的内容也令人耳目一新，尤其是田汉在课堂上介绍的法国诗人魏尔伦，更是成为青年戴望舒心中的偶像，成为他毕生写作的一个重要的参照系。除了主修的文学课程，戴望舒还经常去社会学系旁听，这也有助于他接受更系统和深刻的革命理论，同时也极大地开阔了他的视野。

　　在这段时间，戴望舒开始了他的新诗写作，这意味着他逐渐找到了更适合自己的表达方式。他最初只是为了纯粹的表达的需求而写作，这部分作品他几乎从不示人，似乎只是写给自己看看，直到后来他办了第二个文学刊物《璎珞》，才陆续发表出来。这些作品以抒写个人的情绪、情感为主，并未与令他热血澎湃的革命互相交叠。

　　1925年，五卅惨案在上海发生。帝国主义对中国工人和学生的残酷压迫和血腥镇压激怒了国人，学生、工人以及社会各界人士纷纷上街游行抗议，以共产党人为骨干的上海大学自然也在其中。戴望舒也参加这次游行，这是他第一次真切感受到如此沸腾的激情和风云变幻的局势。人们的抗争换来更疯狂的血腥镇压，而表现激进的上海大学也不得不面临被查封的结局。

失学的戴望舒只好转而进入震旦大学，他在这里结识了后来成为"新感觉派"代表作家的刘呐鸥。不久杜衡和施蛰存也来了，志同道合的朋友终于又聚首了。

震旦大学由法国教会主办，设有特别班，招收中国学生学习，一年期满达到要求便可推荐到法国留学。年轻的戴望舒自然是对法国充满向往的——或许所有的文学青年都梦想着深深散发艺术气息的法国。但造化弄人，数年后，当他正式踏上前往法国的旅程，他却并不觉得高兴。这是后话，暂且不表。

在震旦大学，戴望舒的老师是一位名叫樊国栋的保守的法国神甫。这个神甫对学生非常严厉，要求学生死记硬背，记下学过的法语课文，不能背诵的学生将遭受惩罚。这种教学方式当然很枯燥，与戴望舒从小接受的传统教育，似乎并没有本质的区别。但在樊神甫严厉的要求之下，戴望舒的法语基础也打得极为扎实。有扎实的基础，可以轻松阅读原文的戴望舒不再满足于樊神甫要求学习的课文，对文学的敏感，使他的关注点从被奉为经典的浪漫派转向了象征派，乃至新兴的后期象征派。

这段时间，戴望舒和施蛰存等一起自费创办了《璎珞》杂志，编辑部设在松江施蛰存的家中，刊登他们自己的作品和译作。办这份刊物，起因是李思纯在吴宓主编的《学衡》上发表了一部翻译的法语诗集《仙河集》，戴望舒一读之下，发现错误百出，便写了评论，就此展开探讨，但因为李思纯是当时法语翻译界的权威，备受推崇，戴望舒这篇"负面"的文章根本找不到发表的渠道。为了发表自己的文章，戴望舒创办了《璎珞》。《读〈仙河集〉》发表出来，引起了不小的关注，李思纯看见后，就此不再发表译诗。戴望舒早期的新诗也得以第一次公开，尽管只是在一个非常有限的范围之内公开。《璎珞》仅仅办了四期，为时一个月，便告停刊。

因为家里一时凑不出留学的费用，戴望舒没能前往法国，而是升入本科班继续学习。这时，革命再次向他招手。

1926年年底，二十一岁的戴望舒和施蛰存、杜衡一起经上海大学的老同学介绍加入了共青团，后来又共同加入国民党左派——其时，国民党左派中不少人是共产党员或共青团员，也即"跨党分子"。戴望舒等人通过一位神秘的交通员和组织联系，并参加了一些秘密的政治活动。在一次前往一个团组织驻地时，戴望舒和杜衡终于被捕。警察连夜审讯后，将两人监禁起来。幸得一位陈姓同学的父亲搭救，两人第二天便被放了出来。但那寒冷的夜晚和阴郁的狭小的空间，使戴望舒第一次真切感受到了革命的残酷和内心的恐慌。次月，也就是1927年4月，国共合作破裂，上海一时间阴云密布，戴望舒等只得各自回乡。

第一次与上海这个国际大都会亲密接触，戴望舒或许曾吃惊于它的繁华及夜夜笙歌，但却从未涉足其间。在这里，他大量接触了法国新文学，渐渐找到了属于自己的表达方式；同时他接受了革命思想的冲击，并参与了革命实践，真正见识到了革命的慷慨激昂和惨烈残酷。他激昂的热血开始逐渐收缩，深深的沮丧和失望使他渐渐疏远党组织和共青团。革命似乎离他已远，他完全沉浸到自己的世界中。这一切，影响着他的整个人生。

松江："文学工场"与天青色的爱情

回到家乡的戴望舒对杭州的生活渐渐无法忍受，与上海同样的政治高压，使得这座古都如黑云压城，令人喘不过气来。而且，这种远离文学的庸常生活，并非是戴望舒所期望的。他和杜衡终于逃离了杭州，前往松江，投奔施蛰存。

松江是一座文化名城，古代的松江府其实就管辖上海一带，称得上是上海文化的发源地，历史悠久，名人辈出，陆机、陆云、赵孟𫖯等便是其中的代表。

戴、杜二人来到松江后，便寓居于施家的阁楼之上。他们在这里尽情地阅读、写作，同时翻译了不少外国的作品。他们把这里称为"文学工场"，意思是愿意为了文学而服苦役，但对于他们来说，这里更像一座文学乐园，他们淋漓尽致地展现着自己的才华，就像禽鸟忘情地展示自己的羽毛。无疑，他们的内心在这里得到了满足，而现实中的种种无奈，则渐渐显得遥远和模糊了。他们的工作是高效的，很快，戴望舒便翻译出了法国作家夏多布里昂的《少女之誓》。

但再快乐的日子，若老是重复，也会使人厌倦，别人或许还好些，敏感而耐不住寂寞的戴望舒却终于熬不住了。戴望舒暂时离开江南，前往北京，打算继续学业。在北京他结识了许多新青年，也有过快乐交流的时光，但他对北京的文化氛围是失望的，与之前自己的想象大相径庭，这里并没有留下多少新文化运动的气息。他失望地回到松江。短暂的北京之行，于他而言，最大的收获，应该是通过丁玲和胡也频结识了冯雪峰。冯雪峰是一个热烈的革命者，他的存在，使得戴望舒最终并未真正远离革命。

1928年初，因为出版的译稿被当局审查出政治问题，冯雪峰为救出受到牵连的、出版、翻译、评论界的朋友，写信给戴望舒假称需要一笔钱救出一个相好的妓女。戴望舒等几人在疑惑中凑足了钱汇去，不久冯雪峰来到了松江，大家才明白事情的真相。冯雪峰当时已加入共产党，充满革命的激情，思维明晰，口才极好，对戴望舒等人的影响很大，他们开始对革命文学产生了浓厚的兴趣，甚至翻译了苏联的短篇小说集。但在冯雪峰劝告他们重新靠近党组织的时候，他们选择了婉言拒绝。作为家中的独子，三人都有一些顾虑，而且在文学创作上，他们也都希望拥有更大的空间，创作更加自由，而不过多地受到政治的约束。

这时，戴望舒生命中的第一个爱人施绛年也进入了他的生活。1927年，戴望舒住进施家，二十二岁的戴望舒遇见了十八岁的施绛年。正在读师范学校的施绛年在哥哥施蛰存的影响下，对文学也很是喜爱。这个聪明活泼的小妹妹时常到"文学工场"，与戴望舒等人一起谈论文学，或帮忙抄写稿子，似乎给这小小的阁楼注入了清新的空气。渐渐地，戴望舒发现自己深深爱上了这个姑娘。尽管以前戴望舒曾经写过一些爱情诗，但那更多的是对自己理想的隐喻，犹如古人诗文中的"香草美人"一般,而并不指向生活中任何具体的女性,而此时,诗人感到自己爱情诗的主角出场了。

已经颇有诗名的戴望舒在现实中并不是一个潇洒风趣的人物,尽管他能写出浪漫的诗句,但真实的他总是显得过于严肃拘谨,这样的性格使他在面对施绛年的时候缩手缩脚,完全放不开,而更重要的是童年那场天花带给他的满脸的瘢痕,更是令他充满自卑。而施绛年则是一个活泼好动的姑娘,虽然人们说互补的性格更有益于双方的交融,但他们性格的差异实在太大了,不同的性格令他们之间总显得有些格格不入,或许这已经预示了这段感情的并不美好的结局。

和所有年轻女孩一样,施绛年渴望美丽的爱情,但这却是戴望舒不能带给她的。戴望舒容貌上的缺陷,以及他的性格,都与施绛年的梦想相去甚远。施绛年最初只是把戴望舒当成一个兄长,对他全无男女之情。当戴望舒鼓足勇气表白之后,或许是出于自己不愿过于伤人的性格,或许考虑到戴是哥哥的朋友,施绛年的反应并不强烈,既没有严词拒绝,也不说接受,始终以平静的微笑作答。但这却显然令戴望舒产生了误解,认为这暗示了希望仍然存在,经过努力是能获得爱情的。而出于年轻女孩对爱情的需求,施绛年对戴望舒的热烈追求也并不反感,他们有时一起散散步,说说话,偶尔还会有一些亲昵的举动,施绛年也会向这位热恋她的男人撒撒娇,这在戴望舒看来,似乎是施绛年已经认可了他的靠近。

但一方在努力追随,另一方则不过是礼貌地回应;一方俯首称臣,另一方则高高在上。这种不平等的关系并不可能长久地维系下去,双方在这段关系中也均感到了沉重的负担。尤其是在爱情中，处于从属地位的戴望舒，诗人的敏感气质使他总是在甜蜜的瞬间感到悲伤和绝望，他写道："什么是我们的恋爱的纪念吗？拿去吧，亲爱的，拿去吧，这沉哀，这绛色的沉哀。"（《林下的小语》）"去吧，欺人的美梦，欺人的幻象……"（《忧郁》）甚至戴望舒感觉到他的爱人"有一颗天青色的心"（《我的恋人》）、"那里是盛着天青色的爱情的"（《路上的小语》）。天青色是一种素雅纯净的颜色，但却是冷色调的，用来形容爱人的心以及两人之间的爱情，其实传达出了戴望舒对爱情的隐忧，他已经深切地察觉到了施绛年对他的冷淡。但戴望舒却陷入这无望的爱情里不能自拔，或者毋宁说诗人迷恋着这无望的爱情的气息，不愿自拔。

也正是在与施绛年交往之后，戴望舒写出了他最广为传诵的《雨巷》，戴望舒把自己心中的苦楚投射到那个丁香般的姑娘身上，这个姑娘或许融合了戴望舒和施绛年两人的形象。"一个丁香一样的/结着愁怨的姑娘。……哀怨又彷徨。……冷漠，凄清，又惆怅。……太息般的眼光/她丁香般的惆怅。……悠长/又寂寥的雨巷。"戴望舒或许是表达了爱情的迷茫，又或许掺杂了破碎的时代和理想，不论如何，这首诗发表后，获得了人们普遍的赞赏，一举奠定了他在诗坛的地位，"雨巷诗人"之名就此不胫而走。

一边是陷入爱情陷阱，一边却不能抛开文学。戴望舒或许已经意识到，文学正是在他与这散发着忧伤气息的爱情之间，甚至是他作为个体与荒谬的时代之间取得平衡的一种有效的途径。戴望舒依然勤勉地坚持着写作和翻译。他翻译的夏多布里昂的《少女之誓》很快在开明书店出版，其间他的诗歌及其他译作也不断问世。

文学的梦想让几位年轻人很快便不再满足于阅读、写作和谈论，创办刊物的热情重新燃起。他们立即着手，打算办一本以他们工作室"文学工场"为名的文学杂志，很快他们便编好了两期刊物，但事先谈好出资的光华书局在审阅校样后，却因为内容太激进而打了退堂鼓，《文学工场》这本刊物最终胎死腹中，这使得戴望舒等人倍感失落。

上海之二：《我底记忆》和绛色的沉哀

但好消息很快便传来了。1928年9月，戴望舒曾经的同学刘呐鸥从台湾来到上海，带来了一笔巨款，打算开书店、做杂志，因缺少得力的帮手，于是写信给戴望舒等几人，邀请他们到上海共同发展。这对于苦闷中的戴望舒等人，不啻为久旱之甘霖，自然是一拍即合，几人立即收拾行装，前往上海。很快，几人创办的《无轨列车》杂志创刊了，"第一线"书店也开业了。"无轨列车"这个名字充满了都市气息，且表明了刊物唯作品论、不限制风格和题材的立场；而"第一线"这个名字，更是显示了几位年轻人的高远志向。不幸的是，书店不久便被当局查出有"赤化"嫌疑而勒令停业了。到了1929年秋天，戴望舒等人又创办了《新文艺》月刊。《新文艺》发表了戴望舒大量的作品和译作，但因为过多地译介苏联等国的文学作品，它最终也只能以"赤化"之名被禁止。

为了避开当局的盘查，几人在租界重新开了一家"水沫书店"。这个名字，比起原先的"第一线"，已完全没有了那种激昂的气势，而是更增添了从小处做起的意味。戴望舒就住在书店里，书店的一切事务基本都由他一人打理，忙得不亦乐乎，却也快乐充实。结识罗大冈等朋友，也正是在这个时期。水沫书店开办时期，除了戴望舒自己的写作，他的朋友们在文坛也屡有斩获，施蛰存、刘呐鸥、穆时英逐渐成为了新感觉派小说的领军人物。

1932年1月，因为"淞沪战争"爆发，水沫书店被迫关门。戴望舒等人不得不离开上海，各回家乡。但到了5月，戴望舒、施蛰存和杜衡又重新在上海聚首。因为现代书局的老板洪雪帆和张静庐打算做一本中立的杂志，于是便想到邀请三人主持。于是施蛰存主编的、标举艺术至上、打破门户之见的《现代》得以创刊。

在早些时候，1929年4月，戴望舒的译作《爱经》和第一部诗集《我底记忆》同时在水沫书店出版了。《爱经》的出版曾使鲁迅产生过误会，认为这是戴望舒在叫嚷"恋爱文学"的无聊之作，但后来鲁迅发现自己误会了戴望舒。《我底记忆》分为"旧锦囊"、"雨巷"、"我底记忆"三个小辑，收录了戴望舒早期的二十六首诗作。这些诗歌呈现出不同的风格，这与戴望舒尚处在创作的早期，写作充满随意性有关。最早的那部分诗歌，无论从诗歌的技艺还是表达的情感上，都显得比较生涩。而随后我们见证了戴望舒的成长，他迅速地找到了自己进入诗歌的方式。戴望舒最终选择了《我底记忆》而不是广受推崇的《雨巷》作为书名，这也表达了戴望舒对自己的高要求。这首被戴望舒自己称为"我的杰作"的《我底记忆》突破了之前作品中的优美和韵律,杜衡认为这首诗"非常新鲜","字句底节奏已经完全被情绪底节奏所替代"。"它存在在燃着的烟卷上,它存在在绘着百合花的笔杆上……在凄暗的灯上,在平静的水上,在一切没有灵魂的东西上……但是我是永远不讨厌它,因为它是忠实于我的。"这既是戴望舒自主的审美选择,同时也显露出戴望舒不自觉地放弃了对爱情的信任,而选择了"忠实于"自己的"记忆"。

尽管对爱情充满担忧,而施绛年对戴望舒的忽冷忽热也使戴望舒感到心痛和无所适从,她甚至并未公开接受过戴望舒的爱意,那些被戴望舒视为对方"默许"的行为其实是如此的不足为信,戴望舒常常陷入"你想笑,而我却哭了"(《夜是》)这样痛苦的情绪中。但在这个沉醉于爱情之中的苦恋者那里,爱情的火焰却燃烧得愈发炽烈。戴望舒在《我底记忆》扉页上用法语题词:A Jeanne,即"给绛年"的意思。他甚至在扉页援引了古罗马诗人提布卢斯的诗句:

TeSpectem Suprema mihi Cum Venerit hora,
Teteneam morieans deficiente manu

他把这拉丁文诗句翻译为:"愿我在最后的时间将来的时候看见你,愿我在垂死的时候用我的虚弱的手把握着你。"

这段若即若离的感情在诗人的隐忍和施绛年的矜持中疼痛地持续着。直到 1931 年,戴望舒做出了激烈的举动,他因为对爱情的绝望而打算自杀,以身殉情,施绛年在震惊、感动、同情、无奈等种种情绪之下，也在家人的不断劝说之下，终于答应了戴望舒的求婚。戴望舒的爱情似乎在此迎来了转机。但勉强答应订婚的施绛年更多的是迫于外界和自身的压力而作出的决定，她依然不爱戴望舒。

订婚使戴望舒感到喜悦，他写道："她是一个静娴的少女，她知道如何爱一个爱她的人。"(《我的恋人》) 但戴望舒同时也感到这美好是如此虚幻，"但我已从你的缄默里，觉出了它的寒冷"(《款步（二）》)。

施绛年提出，戴望舒必须出国留学，取得学位并回国找到体面的工作，才能正式结婚。对于施绛年来说，这不过是退而求其次的选择，既然得不到自己所希望的爱情，还要被迫接受一个自己不爱的人，那么提出一些现实的要求，也是正常的。爱情本应是纯粹的，如果还有附加条件，如果还需附丽于其他事物，那这样的爱情注定是不美好的。戴望舒最终忍受住内心的寒冷，为了渺茫的希望，答应了这个苛刻的要求。

松江的平静使戴望舒得以更专注地阅读和思考，和朋友们的交流也促使他的文学技艺不断提高。再次回到上海的戴望舒，最初的一段日子里，体验到了上海的夜生活。那时杂志还没办起来，书店也还没有开，他们几人便每天上午写作和读书，下午聊天或去游泳，到了晚上，他们变成了电影院和舞厅的常客，总是玩到深夜。但后来，开书店和办杂志占去了他大部分的精力。他的诗歌首度结集出版，使他声名大振。在冯雪峰的极力引荐之下，戴望舒加入了左联，但对自由创作的向往使戴望舒始终和左联保持着一段距离。

从松江到上海，戴望舒始终徘徊在爱与痛的边缘。无法把握的爱情带给他失落和苦闷，却也使他在痛苦中写出了那些动人的情诗。许多年之后，当戴望舒坐在明净的床窗边，回想往昔的岁月时，他定会细细咀嚼回味这段令他内心波澜起伏的时光。

巴黎和里昂：不情愿的旅程

1932年10月，在施蛰存的不断催促之下，戴望舒终于告别家人和朋友，乘坐达特安号游船，踏上了前往法国的旅程。

戴望舒曾经梦想过法国，他当初就读震旦大学的原因之一，就是从那里可以获得前往法国的、相对便捷的途径。阴差阳错，当年他未能实现的法国之行，在施蛰存的催促之下，最终变成现实。或许在诗人心中，对法国的向往之情从未改变，但因为成为了爱情的附加条件，法国一行终于成为了戴望舒一次不情愿的旅程。

一个月的寂寞旅途之后，戴望舒抵达了他法国生涯的第一站——巴黎。

巴黎浮华浪漫，空气中不仅飘浮着纸醉金迷的气味，更弥漫着浓郁的文艺气息。文艺家们来到这里，便被深深吸引，不愿离去，直到他们自己最终也成为装点这座璀璨都市的一道道流光溢彩的波光，闪耀于塞纳河上；或者成为满天星斗，积聚在这都市深邃的天幕中。

戴望舒立刻决定留在巴黎。

在当时，旅法的中国留学生大都选择前往里昂中法大学，在里昂，一切的开销，包括学费、生活费等，都比巴黎便宜得多。但诗人总是怀着浪漫的情怀，并且，也容易被浪漫的事物吸引。但浪漫总是不计后果的，世人看见了都市华丽的面孔，却没有意识到不论是精致美好的小资情调，还是颓废散漫的艺术生活，都是他这样的留学生无法踏入的世界。他选择浪漫都市的同时，也等于选择了艰辛、窘迫的异国生活。在巴黎的花销真是太大了，本来经济状况就不佳的戴望舒更是倍感压力。多亏了施蛰存等朋友多方筹钱，他才得以维持日常生活。离愁别绪笼罩着诗人，尤其是对施绛年的想念，以及对爱情的担忧，更是令他难以忍受。

戴望舒选择了在巴黎大学旁听，同时在另一个学校学习西班牙语。典型的学院派教育令诗人很快便被倦意侵袭，对施绛年的承诺也因这渐渐疲惫的身心而抛诸脑后，什么修得学位、什么回国任职，也全都置之度外了。戴望舒听从了内心的声音，毫不犹豫地朝着文学的方向去了。戴望舒迫不及待地开始了自由自在的阅读。在法国，阅读的空间更加广阔，许多书籍是在国内无法接触到的。阅读大大开阔了戴望舒的眼界，他的文学素养也不断得到提高。

为了缓解戴望舒的经济压力，施蛰存绞尽脑汁为他寻求发表和出版的途径，因为仅靠家人和朋友的资助，并不能长期稳定地解决经济来源，必须有一种"开源"的方式。对于文人，靠文字挣钱，正是天经地义的事情。施蛰存和戴望舒约定，每个月他给戴望舒汇一笔钱，戴望舒也必须交给他一定数量的稿子，至于出版和发表，自然全部由他想办法解决。除了他主编的《现代》——这里曾是戴望舒最主要的阵地，开始的几期戴望舒的作品和译作占据了大量的篇幅，到法国后，发表的比例有所下降。此外，施蛰存还为戴望舒联系了中华书局、商务印书馆、上海现代书局、上海开明书店、上海天马书店等。他对戴望舒施以重压，"如果有二个月收不到你的文稿，则这里的能力也动摇了"。在不断的催逼之下，戴望舒只能不断去完成作品，不敢有丝毫松懈。

戴望舒在这段时间，翻译了数量惊人的西方文学作品和文论，但在诗歌创作方面，却几乎是一片空白，留法三年，仅留下五首诗歌。这或许是因为在法国，阅读的兴趣和翻译的差事耗去了诗人太多的精力，令他无暇他顾吧。1933年，也就是他来到巴黎的第二年，他编定了自己的第二本诗集《望舒草》，并交给了施蛰存，最终由上海现代书局出版。这本收录了四十一首诗歌的诗集，却竟然没有一首是在法国创作的。

原本施蛰存打算把《望舒草》做成戴望舒第一本诗集《我底记忆》的修订本，在原有诗作的基础上，增补一些新作即可。但最终戴望舒保留了"我底记忆"一辑中的八首诗，"旧锦囊"和"雨巷"两辑全部删除，增加了集外新诗三十三首，使得这本诗集变成了"大幅度的改编本"。戴望舒在创作上的严谨可见一斑，甚至就连广为传诵的《雨巷》也被他割舍了。在四十一首诗歌之外，《望舒草》还附有一个专门的章节：《诗论零札》，这是戴望舒思考诗歌创作的一些碎片式的札记，闪耀着思想的光芒。

经济状况稍稍得到改善的戴望舒很快便找到了休闲的方

式。对戴望舒来说，还有什么比逛塞纳河左岸的书摊更惬意的？这里成为了戴望舒和同样留法的好友罗大冈时常出没的区域。"就是摩挲观赏一回空手而返，私心也是很满足的，况且薄暮的塞纳河又是这样地窈窕多姿！"但说归说，现实中的戴望舒可不是省油的灯，看到那么多好书，他怎么可能忍住不买？他去左岸可绝不仅仅是为了欣赏风景。施蛰存对此极为羡慕，也时常托他代为购书。

　　生活在不断的翻译和阅读中得到充实，但每到夜深人静，戴望舒寂寞的脑中，却只浮现着施绛年的影子，戴望舒每每不能自已，那颗思念爱人的心几乎要从胸腔跳出来。施绛年的一切都是如此令他牵挂，令他神伤。但还不止于此，他对爱情的担忧也时刻折磨着他的心，他害怕施绛年放弃对他的爱情。施绛年的来信频率渐渐减少，语气也渐渐冷漠起来，戴望舒感到当时勉强在施绛年心中激起的那一丁点热情已经消退了。不久，施绛年移情别恋的消息传到戴望舒的耳朵里，他大为愤怒，很长一段时间没有给施绛年写信，他甚至迁怒于施蛰存，也暂时中断了两人的通信。恼怒的戴望舒甚至威胁说要提前回国，后来在施蛰存的极力劝阻下，他终于还是留在了法国。

　　也是在施蛰存的劝说下，出于经济方面的考虑，戴望舒终于向里昂中法大学提出了转学申请。因为当时戴望舒在中国文学界已经有了很高的名声，又是重要的法语翻译家，学校很乐意接收这样的学生。1933年9月，在法国小说家马尔洛的担保下，二十八岁的戴望舒进入了里昂中法大学。他选修了法国文学史，但没过多久，他又感到了厌倦。阅读和翻译依然是他生活的重心，课堂于他而言则无足轻重，于是他选择了逃课。

戴望舒喜爱西班牙文学，因此一直渴望去西班牙游历一番。计划几度失败之后，戴望舒终于如愿以偿。1934 年 8 月，他从里昂贝拉式车站出发，前往梦想中的西班牙，做了一次将近三个月的旅行。戴望舒在西班牙游览了许多人文古迹，不断访书买书，并发现了珍贵的中国古籍。他还参加了西班牙革命游行活动。

对于革命的激情，戴望舒是向往的，但革命的暴力，却不是他愿意看见的。另外，对自由创作的要求，也使他和革命保持着适当的距离。但当他身处一座城市，看见游行的队伍，他便会毫不犹疑地加入其中。1934 年初，在法国便是如此，年底，在西班牙是如此，甚至更早的时候，当年他在上海时，也是如此。在西班牙的这次游行，戴望舒被警方逮捕，并移交给法国警方，这件事情，促使学校开除了他的学籍。而在校期间，不上课、没有学分也成了学校开除他的重要依据。1935 年春天，他辗转马赛，乘船回国，送别他的，仅有罗大冈一人。因为是被遣返的，他只能得到四等舱的船票，他不得不忍受恶劣的条件，熬过这艰苦的行程。

对于戴望舒来说，法国的岁月是喜忧参半的。

买书和阅读的乐趣自不必说，在法国和西班牙两国的游历成为了他珍贵的财富，而在施蛰存的不断催促之下，他的翻译工作也得以保质保量地完成，他还出版了第二本诗集《望舒草》，也创作了一些诗歌，遗憾的是数量太少不尽如人意。在法国，他交了一些文学界的朋友，如许拜维艾尔、马尔洛、杜贝莱、艾登伯等。艾登伯甚至还请求戴望舒把中国左翼作家的作品（张天翼《仇恨》）翻译为法语，介绍给法国读者。戴望舒或许是受其启发,把自己的一些诗歌如《游子谣》、《夜行者》、《深闭的园子》等译介到了法国的刊物《南方文钞》上。

而他的烦忧也是显而易见的。生活的窘迫曾使他喘不过气来,学校严谨枯燥的教学又使他无法忍受,最终他在法国三年,并未获得学位,还因为参加游行和没有学分而被开除学籍。当然最令他倍感煎熬的还是施绛年,虽然他并未认真履行对施绛年的承诺,但不可否认,施绛年确实在他心里占据了重要的位置。戴望舒在对施绛年的思念、担忧、怀疑、恼怒中,痛苦地度过了两年半的法国时光。

上海之三:新婚和《新诗》

1935年春天,戴望舒一回到上海,就匆匆直奔松江,要去施家探个究竟。

在法国期间,施绛年的逐渐冷淡和移情别恋的传言令诗人难以承受,当他来到松江,施家父母不住的道歉证明了一切。原来施绛年在戴望舒去法国一年之后,便爱上了一个冰箱推销员,而施蛰存因为一边是好友、一边是妹妹,左右为难,同时也因为希望老友完成学业,而对他隐瞒了事实。戴望舒一气之下,当众打了施绛年一耳光。至此,戴望舒与施绛年的爱情宣告彻底终结,两人登报正式解除了婚约。

在法国时,戴望舒已预料到了这一切,对爱情也逐渐死心,因此回国得知真相后,戴望舒虽然因为感到被欺骗而恼怒,但却并不如想象中那般心痛。而周围的朋友们也尽力陪伴和安慰他，使他的情绪逐渐好转起来。有时在众人欢聚时，戴望舒会突然陷入伤感，但却并未做出冲动的举动。

有一天，戴望舒的好友穆时英对他说："施蛰存的妹妹算得什么，我的妹妹要比她漂亮十倍，我给你介绍。"穆时英和施蛰存、刘呐鸥一起，被称为"新感觉派"小说的代表人物，他对戴望舒的才华十分钦慕，在戴望舒处于失恋的痛苦中时，便打定了主意，要撮合他与自己的妹妹穆丽娟。

穆丽娟生于1917年，那时刚刚十八岁，正处于美好的少女年华。受到哥哥的影响，她颇喜爱文学，对诗名卓著的戴望舒更是满心仰慕，时常到戴望舒住处，帮助誊抄文稿。面容姣好、知书达理的穆丽娟很快便吸引了戴望舒的目光，戴望舒每每约她跳舞、看电影，她也从不拒绝。戴望舒第一次真正获得了爱情的乐趣，不久二人便坠入爱河。相比于施绛年的忽冷忽热，穆丽娟却是以百分之百的热情来向戴望舒发出爱的讯号，戴望舒怎么可能不陶醉于其间？

到了1935年底，戴望舒便委托杜衡向穆家提亲。当时，穆丽娟的父亲去世不久，她的母亲则是一位开明的女士，和孩子平等相处，因此便根据穆丽娟的意愿，同意了婚事，并确定了婚期。

次年5月，戴望舒的父亲戴立诚不幸因脑出血去世，但到了7月，三十一岁的戴望舒与十九岁的穆丽娟的婚礼还是如期在上海新亚酒家举行，徐迟和穆时英的妻妹分别担任了伴郎和伴娘。

婚后，戴望舒一家搬到亨利路永利村30号居住。这是一幢三层楼房，一楼是书房和客厅，戴望舒夫妇和他的老母亲住在二楼，三楼是杜衡的哥哥居住，他搬走后，叶灵凤夫妇住了进来。

这或许是戴望舒生平最为快乐的日子。爱情的美好让他写出了"而我是你，因而我是我"，他所表现的正是"我中有你、你中有我"的互相交融而不可分割的爱情，因为有了爱人的存在，自己的存在才变得有意义起来。这是对爱人和爱情的极高的颂词。

写作之余，戴望舒的家成了名副其实的文艺沙龙，文学家、艺术家们都非常乐意到他家来聚会，围坐在大桌子旁，高谈阔论。也有很多时髦的女士来拜访，多是文艺家们的崇拜者，或文艺圈的新秀。男主人的文艺修养和女主人的热情给客人们留下了深刻而美好的印象，一时间，戴望舒的家里门庭若市、热闹非凡，有时因为客人太多，主人甚至开起了舞会。闲暇的时候，戴望舒夫妇便相拥着出去散步，或者去看场电影。那时戴望舒的心是如此安宁，他全心享受着爱情带来的欢愉，享受着大上海的繁华和时尚。

在这段时期，戴望舒的译作不断问世，西班牙之行的系列游记散文也陆续发表出来，但诗歌创作的数量依然并不乐观。从新婚燕尔到逃往香港，诗人总共只写了七首诗，可喜的是，这些诗歌都展现了戴望舒新的艺术追求。戴望舒渐渐把东方和西方的诗学融汇起来，中国古典诗学和西方象征主义诗学终于在戴望舒的作品中融为一体。第三本诗集《望舒诗稿》也在1937年初由上海杂志公司出版了，这本诗集基本算得上是《我底记忆》和《望舒草》的合编本，附有《诗论零札》和《法文诗六首》。在编《望舒草》时，被割舍掉的《雨巷》等诗歌又重新收录进来了，这或许是因为戴望舒已经获得了安定美好的爱情，而过去曾令他痛彻心扉的"绛色的沉哀"、"天青色的爱情"，他也已经渐渐能够去面对了。

而戴望舒不仅仅是把东西诗学融汇起来了，他更希望能够把南方和北方的诗歌真正统一起来。中国诗歌历来有分"南派"、"北派"的传统，到了20世纪30年代，依然如此。当时的"北派"，主要是"新月派"、"后期新月派"，包括卞之琳、何其芳等；"南派"则以"现代派诗群"为主。两派之间时常会有一些关于诗歌的争论，为了把双方统一起来，使这种争论变成良性的、有益的争论，戴望舒拿定了主意要创办一本专门的诗歌刊物。之前，戴望舒曾经主编过一本《现代诗风》杂志，在那本杂志上，中国"现代派"诗人们第一次集体亮相了。然而那本杂志实际是施蛰存策划的，戴望舒是后来才参与进来，主编一栏最后用上戴望舒的名字，更多的是希望靠他在诗歌界的影响力，邀集成名的诗人们参与，并引起读者们的关注。这次则不同了，一是要整合南北诗歌，二是由戴望舒真正主编。他把编辑部设在自己家里，由卞之琳、冯至、梁宗岱、孙大雨和他本人担任编委。他拿出一百元作为开办经费，徐迟和纪弦也分别拿出了五十元，就这样，《新诗》诞生了。1936年10月，第一期《新诗》出版，立刻受到了文学界的关注。直到1937年8月停刊，其间共出刊十期，发表诗歌四百余首，译介了许多欧美著名诗人的作品，还有一些文论。

编《新诗》的过程中，因为不认同左翼作家提出的"国防诗歌"，戴望舒认为一首诗，首先必须是"诗"，"一首有国防意识的情绪的诗可能是一首好诗，唯一的条件是它本身是诗……但是反观现在所谓的'国防诗歌'呢,只是一篇分了行、加了勉强的脚韵的浅薄而庸俗的学说辞而已"。这样,诗人便遭到了左翼作家们的讥讽和攻击,但他始终坚持了自己的诗学立场,毫不妥协。而《新诗》也并未因此对左翼诗人关上大门,戴望舒看重的是诗歌质量,因此像艾青这样的左翼阵营诗人能够多次在《新诗》发表作品,戴望舒的胸襟,由此也可见一斑。

以往来到上海,戴望舒或囊中羞涩,或事务繁多,总是处于动荡漂泊之中,且又为情所困,因此并未能够仔细感受上海的华彩。这次则不然,身心安定的戴望舒终于真正享受了上海的都市风情,此时的他生活平静安乐,爱情美满,新婚燕尔,自然能够全心投入到生活中,体味生活的甜蜜。但在安乐之中,诗人并未放弃他的事业,他主编的《新诗》正式发行,成为中国现代文学史中的重要文本。

香港:炼狱

然而安乐的时光总是不能长久。

1937年7月7日,抗日战争全面爆发。日本军队向中国发动了全面的攻击,许多大城市都先后被侵占,作为远东第一国际大都市的上海,日本人垂涎已久,自然也不能幸免。

8月13日,淞沪战争爆发。

日本人的炮火使得出版了十期的《新诗》不得不宣告停刊。在惨烈的抵抗之后,上海终于在1937年11月12日沦陷。同月，在这动荡的时局中，戴望舒和穆丽娟的女儿来到了这个世界。这便是戴望舒的长女——戴咏素。

日军占领上海后，在舆论宣传方面实行高压政策，疯狂压制报纸、杂志，不少出版机构最终都只能关门停业，就算暂时还在运作的，相关人员的人身安全也得不到保障。最终，戴望舒只能带着妻儿，于1938年5月乘船远赴香港，同去的还有叶灵凤夫妇和徐迟一家三口。

那时英国与日本在外交上关系还算良好，因此英国治理下的香港得以偏安一隅，一时国内许多文人如穆时英、丁聪、杜衡、胡兰成、纪弦、叶浅予、袁水拍、冯亦代等，都纷纷奔赴香港。

戴望舒得以成行，一是为寻求安稳，二是受到香港大学法籍教师马尔蒂女士的邀请。马尔蒂女士曾经读到过戴望舒用法语翻译的他自己的诗作，对戴望舒的才华非常欣赏。当她得知上海的时局和戴望舒的处境后，便写信邀请戴望舒赴港避难。

到香港后不久，戴望舒一家便从暂时居住的西环薄扶林道学士台，搬进了马尔蒂女士所住的花园洋房，这洋房的名字叫Woodbrook Villa，戴望舒便把它译为"林泉居"。这里背山面海，绿树成林，旁边又有小溪流水，对戴望舒来说，这样的环境是再好不过了。后来戴望舒所写的《过旧居》和《示长女》中，"旧居"和"安乐的家"指的也正是这"林泉居"。

当时《星岛日报》正在筹办，希望找一名副刊编辑，朋友便推荐了戴望舒。在与社长胡好面谈之后，戴望舒接下了这份工作。胡好是"万金油"大王胡文虎的儿子，当时年仅十九岁，但他的成熟和干练给戴望舒留下了深刻的印象。

1938年8月1日，副刊《星座》随《星岛日报》正式发行，戴望舒在创刊词中写道："《星座》现在寄托在港岛上……编者唯一渺小的希望，是《星座》能为它的读者，忠实地代替了天上的星星，与港岸周遭的灯光尽一点照明之责。"在当时国家破碎的黑暗中，希望沉沦的悲凉中，戴望舒希望在香港能有一点光明，温暖人们的心。因为戴望舒的关系，许多名家纷纷把稿子交给了《星座》，"我们竟可以说，没有一位知名的作家是没有在《星座》里写过文章的"。但踌躇满志的戴望舒，有时也不得不面对无奈的现实。香港当局从英国利益出发不允许报刊上出现"日寇"、"抗日"等字眼，对所谓的"过激言论"一律严格禁止。戴望舒好几次就曾因《星座》刊载的文章言论"过激"而被当局传召，又因为收到内地寄来的宣传抗战的材料而被警署传唤，这令他非常愤怒和沮丧："现在还没有亡国，就尝到了亡国的滋味……"

戴望舒曾打算在香港恢复《新诗》杂志，但这个愿望并未实现。于是他和艾青一起创办了《顶点》诗刊。当时艾青在桂林，主持《广西日报》的文艺副刊《南方》，因此《顶点》是在香港和桂林两地发行。此时，戴望舒的诗学理念再一次显露出来："《顶点》是一个抗战时期的刊物。它不能离开抗战，而应该成为抗战的一种力量……但同时我们也得声明，我们所说的不离开抗战的作品并不是狭义的战争诗。"在他看来，《顶点》的真正任务是"使中国新诗有更深远一点的内容，更完整一点的表现方式"。但这本刊物只出了一期，就没能再继续。

1939年，许地山、欧阳予倩等人筹备的"文协"香港分会成立，戴望舒当选为首届干事，兼任研究部和希望文学组负责人，《文协》周刊编辑。"文协"全称为"中华全国文艺界抗敌协会香港分会"，加入协会，也再度表明了戴望舒的立场。而一些曾经的好友，如杜衡、纪弦等，则因为做了汉奸，而被戴望舒从好友名单中删除了，戴望舒在给艾青的信中写道："路易士（纪弦）已跟杜衡做汪派走狗……"这使得戴望舒痛心疾首。

刚到香港的日子，家庭是幸福的，爱情也依然显得温暖。戴望舒的家依然是深受文人们喜爱的集散地，跳舞、读诗、高谈阔论，戴望舒在上海曾经拥有的快乐生活似乎将会一直这样延续下去。朋友们都羡慕戴望舒的生活，冯亦代回忆道："他伴着娇妻和爱女，在祖国的烽火里，幸留这宁静的一角。"戴望舒在许久之后回忆起这段生活，也仍然难忘当时的甜蜜，"这样迟迟的日影，这样温暖的寂静……这带露台，这扇窗，后面有幸福在窥望……我没有忘记：这是家，妻如玉，女儿如花，清晨的呼唤和灯下的闲话，想一想，会叫人发傻"（《过旧居》），因此戴望舒感到"我们曾有一个安乐的家"（《示长女》）。

但这幸福的外壳下，却潜伏着不和谐的因子。戴望舒和穆丽娟的爱情并不平等，他曾在施绛年那里处处受制，而今他占据了主动的地位，而穆丽娟则不得不委曲求全，正像当年戴望舒面对施绛年时一样。穆丽娟深知自己在爱情中的被动，她甚至认为："戴望舒第一生命是书，妻子女儿放在第二位。"他们之间的爱情虽然曾经甜蜜，满足了戴望舒对爱的需求，抚慰了他备受爱情摧残的心，但这过于顺利的爱情，波澜不惊，难以在戴望舒内心掀起炽热而持久的风暴，换句话说，当戴望舒没有付出太大代价，就得到了圆满的爱情时，久而久之，他便会理所当然地不珍惜眼前人，因为他会认为这一切都是天经地义的，因此他从未关心妻子的感受。而小他十二岁的妻子，更是常常被他认为孩子气、不懂事，他在做许多决定的时候都根本不会想到要和妻子商量一下，听取一下她的意见。安家香港之后，戴望舒曾打算独自返回国内参加抗日活动，像这样的事他也不肯告诉妻子。而他对妻子的漠视，也愈演愈烈。有一次穆丽娟因为去照顾生病的母亲没有回家，第二天戴望舒怒气冲冲地找上门去，强行把妻子拉回家，还当众辱骂了妻子的母亲。当然，还有曾经带给戴望舒深深伤害的施绛年，现在他虽然渐渐已能面对，但这伤害实在太刻骨铭心，以至于成了他生活中挥之不去的阴影。这种深入骨髓的感情和伤害，岂是说忘就能忘的？它们早已融入戴望舒的血肉之中，难以分割了。但穆丽娟对此却是非常介意的，她是一位知识女性，前面说到她与母亲之间的交流都是平等的，在爱人这里，她更加渴望得到尊重和热情，而不是仅仅成为婚姻中的一件摆设、爱情和家庭的一个旁观者。尤其是施绛年的存在，使穆丽娟极为不满，她虽然不再出现在戴望舒的生活中，但她在戴望舒的心中留下的印记已然永远无法抹平。施蛰存来到香港，在戴家借宿，戴望舒竟然叫他住在卧室里，另外安一张床，和他们夫妇的睡床并列，中间也没有遮挡的东西。有时戴望舒晚回家，施蛰存不便进入卧室，便在客厅沙发上睡觉，戴望舒回来后却大发雷霆："丽娟不等于你妹妹吗？你为什么不进房去睡？"这实际上是把对施绛年背弃他的怨恨，发泄到了穆丽娟和施蛰存身上。他自己也多次说，要是当初和施绛年结婚，一切都不会是这个样子。穆丽娟回忆说："我们从来不吵架，很少交谈，他是他，我是我……看戴望舒粗鲁，很不礼貌，我曾经警告过他，你再压迫我，我要和你离婚。戴望舒听了也没有说什么，他对我没有什么感情，他的感情给施绛年去了。""他是他，我是我，我们谁也不管谁干什么，他什么时候出去，回来，我都不管，我出去，他也不管。"这种"从不吵架"或许比吵架更可怕，吵架毕竟还意味着两人之间存在交流，而他们不吵架，"他是他，我是我"，彼此逐渐冷漠下去，空气中布满了紧张的味道，似乎在蓄势待发，等着某个临界点的到来。

如果说，前面的种种，穆丽娟都尚能忍受下来的话，随后发生的事，终于让她忍无可忍了。1940年春天，穆时英回到上海担任汪精卫政府的《中华日报》副刊主编，到了6月，他在下班后乘坐黄包车经过四马路时，被人刺杀身亡。穆丽娟听说后伤心欲绝，戴望舒则冷冷地对她说："哭什么，他是汉奸！"悲痛的穆丽娟陪母亲回了上海。当她独自返回香港后，夫妻关系并没有任何改善。到了年底，穆母便在悲痛中去世了。戴望舒对妻子隐瞒了这个消息，穆丽娟后来在朋友处听到噩耗，便带着女儿回了上海，再也没有回到戴望舒身边。二十三岁的穆丽娟终于在爱情的折磨中，开始重新思考自己的人生。

失去了才觉得美好，直到此时，戴望舒才意识到自己对穆丽娟的爱和依赖，他用尽一切办法想要留住妻子，写信，甚至奔赴上海，希望求得妻子的原谅，他甚至威胁说要自杀，但服毒之后被人发现，救过来了。这时一切为时已晚，向他提出离婚的穆丽娟回答他说："一旦决定了，我就不改变。"

戴望舒跑到上海去挽留穆丽娟，却遇见了投靠汪精卫政府的胡兰成和李士群，李士群许诺，只要戴望舒加入他们的活动，他保证让穆丽娟回到戴望舒身边。戴望舒一口回绝："我还是不能那样做。"

尽管处于无边的痛苦之中，尽管性格上有种种缺陷，戴望舒也绝不会为了要爱人回到身边，而去做他素来不齿的汉奸。

1941年12月7日，日本偷袭珍珠港。盟国对日本宣战，日本和英国之间变成了敌对关系。日军很快便击退英军，占领了香港，这偏安一隅的土地终于也沦陷了，香港进入了暗无天日的时期。大批文人离开了香港。徐迟去约戴望舒一起走，戴望舒说："我的书怎么办？"到1942年春，中共东江纵队在香港成功营救了茅盾、邹韬奋、丁玲等三百多位文化名人。戴望舒却选择了留下，为了那些仓促之中无法带走的书，也许更是为了等待穆丽娟回心转意回到香港。也有人说当时戴望舒留下来，是出于组织的安排，是潘汉年让他留在香港的。

不久，戴望舒便被安上宣传抗日罪进了日本人的监狱。如果说少年时期在上海被关押的一夜可以看成一次难忘的体验，这次却意味着真正的考验来临了。日本人审讯戴望舒，他们希望诗人能为他们服务，提供香港抗战文人的名单。日本人特别提到了端木蕻良，他们知道戴望舒和端木蕻良之间有着密切的关系，便想要他来指控端木蕻良的抗日行为。为了让戴望舒屈服，日本人对其威逼利诱，毒打、灌辣椒水、坐老虎凳更是家常便饭，但戴望舒宁死不屈，他的回答永远只有三个字:"不知道。"

潮湿阴冷的监狱和酷刑的折磨,使戴望舒的身体完全垮掉了,他的哮喘病因为这段监狱生活而变得极其严重。但他的心志是坚定的。在狱中,他写下了《狱中题壁》:"如果我死在这里,朋友啊,不要悲伤……用你们胜利的欢呼,把他的灵魂高高扬起……"出狱后,他更写出了不朽的诗篇《我用残损的手掌》。

5月,经过叶灵凤的多方营救,戴望舒终于被保释出来了,两个月的牢狱生活使他变得虚弱不堪。这时,胡好把大同图书印务局的职员杨静介绍给了诗人。娇小热情的杨静很快让戴望舒陷入了第三段爱情和第二次婚姻。

1943年5月30日,戴望舒和杨静在香港大酒店举行了婚礼,那时戴望舒三十八岁,杨静十七岁。新婚依然是令人喜悦的,"但叫人说往昔某人最幸福"(《赠内》)。很快他们的第一个孩子戴咏絮出世了,她是戴望舒的次女;第二年,小女儿戴咏树也来到了世上。但曾经有过两次深刻爱情的戴望舒和涉世未深的杨静之间的隔阂也在生活中逐渐显露出来,二十一岁的差距使他们对生活有着截然不同的认识,饱经创伤的戴望舒渴望过上祥和安宁的生活,而青春活泼的杨静则喜欢热闹。杨静又是小女孩的生性,常使戴望舒觉得捉摸不定。时间长了,这些本来算不上多大的差异,渐渐在空气中凝结成一道墙,他与她尽管还在同一屋檐下,但却似乎隔着遥远的距离。杨静后来回忆:"那时候我年纪太小,对他了解不多,也没有想到要好好的了解他。现在看来,可以说是一件憾事。"这时戴望舒想起了穆丽娟,过去的日子曾经多么美好,《过旧居》和《示长女》正是戴望舒在这种情感的驱动下写就的。在《示长女》中戴望舒写道:"人人说我们最快活……也许因为你妈妈温柔又美丽,也许因为你爸爸诗句最清新。"长女戴咏素的母亲,当然就是穆丽娟,戴望舒明确了他对前妻的怀恋,所有溢美之词都不吝为她献上。

1945年8月,日本无条件投降。久违的阳光终于穿透乌云,再次照耀大地,但阴霾却再一次笼罩了戴望舒。有人联名向"文协"写信,指出戴望舒在日本统治时期投敌卖国,这些人或出于误会,或出于嫉妒,或出于更现实的争夺话语权的目的,把矛头指向了戴望舒,这带给戴望舒极大的困扰。他不得不回到上海,为自己辩解。

在上海,戴望舒把长女接回来居住,穆丽娟有时会来看望孩子和前夫,使杨静大为不满;而杨静时常外出跳舞,深夜不归,也使戴望舒恼怒,两人的矛盾日趋激烈,有时甚至到了互相拳脚相加的地步。

1947年春天,戴望舒在和几个文学青年喝茶聊天时,即席作了一首诗,这是他最后的一首诗,甚至连标题都没有:"我和世界之间是墙,墙和我之间是灯,灯和我之间是书,书和我之间是——隔膜!""隔膜"正是他那时苦闷、阴郁心境的折射,但也是他一生际遇的写照,对他所处的时代、对他的爱情,他是如此格格不入。

1948年初,戴望舒一家回到香港,由于没有稳定的收入,他只能依靠稿费和打一些短工维持生计。没过多久,杨静爱上了一个青年男子,与他私奔了。这对戴望舒的打击无疑是沉重的,哮喘越发严重的他独自带着三个孩子,寄居在好友叶灵凤家。那段时间,"死了,这一次一定死了"成了戴望舒的口头禅。

在香港,尽管戴望舒也曾有过短暂的幸福时光,但我们不得不说,对于戴望舒,这是一段充满磨难和煎熬的岁月。两次失败的婚姻和日本人的监狱,使得戴望舒长期处于"炼狱"的状态之中,现实中的牢狱、生活的困境、精神和肉体的双重折磨,这一切使戴望舒似乎处于挥之不去的梦魇之中,所幸戴望舒挺过了他生命中最黑暗的部分,犹如一抹微弱的火苗,在疾风中飘摇不定,却最终没有熄灭。

诗人写出了《我用残损的手掌》、《过旧居》、《萧红墓畔口占》、《赠内》等风格迥异的诗篇,以新的方式,登上新的高度。他的第四本诗集《灾难的岁月》也在1948年初尚停留在上海期间,由上海星群出版社出版了。

北京之二:最后的期盼

与杨静离婚后,北京的朋友向戴望舒发出了邀请。那是在1949年初,北京已经解放,戴望舒立刻决定北上。戴望舒似乎看见一个新的时代正在拉开序幕,他渴望为这"新"而奉献自己。香港的朋友劝他,说他的哮喘病无法承受北京冬天的严寒,他却回答说自己的身体"适宜于寒冷的天气"。去意已决的他说道:"我不想再在香港住下去了,一定要到北方去。就是死也要死得光荣点。"

1949年3月,他带着两个女儿坐船北上,小女儿留在香港，由杨静抚养，直到戴望舒去世之后，才由杨静送到北京。

在北京安定下来之后，戴望舒用百分之百的热情投入了工作。10月，新中国成立后，他被安排在国家新闻出版总署新闻局，任法文科科长。他把自己的打字机和藏书都拿出来作为公用，至于他自己的身体，更是透支到了极限。很快，因为严重的哮喘，戴望舒不得不住进医院。但没几天，他便主动要求出院，开了麻黄碱针剂自己回家注射。

1950年2月28日，戴望舒在位于北京南池子的家中，像往常一样给自己注射麻黄碱，因为症状严重，戴望舒试图加大剂量来压制。但过量的麻黄碱使戴望舒急性中毒，出现了昏迷、休克。在被人们送往医院的途中，戴望舒去世了。他的心脏终于承受不了来自死亡的黑色浪潮的冲击，停止了跳动。

"愿我在最后的时间将来的时候看见你，愿我在垂死的时候用我的虚弱的手把握着你。"这是戴望舒题献给施绛年的古罗马诗人提布卢斯的诗句。但在他生命的最后时刻，他爱过的三位女性都不在身旁，没有一双温暖的手把他握住。

3月8日，戴望舒被安葬在万安公墓。

戴望舒的一生，最终定格在1950年2月28日，那时他还未满四十五岁。他一生的幸福和伤痛、辉煌和苦难、任性和坚持，都终于在这一刻凝结在同一个点上。他留下了九十余首诗作，一些随笔、评论和大量的译作。

杭州、上海、松江、巴黎、里昂、香港、北京，这些地名勾勒出了戴望舒的生命历程。

戴望舒的生命，在他感到自己看到希望的时候，匆匆结束了。

第五辑 戴望舒著作精选

（1）诗歌精选

夕阳下

晚云在暮天上散锦，
溪水在残日里流金；
我瘦长的影子飘在地上，
像山间古树底寂寞的幽灵。

远山啼哭得紫了，
哀悼着白日底长终；
落叶却飞舞欢迎
幽夜的衣角，那一片清风。

荒冢里流出幽古的芬芳，
在老树枝头把蝙蝠迷上，
它们缠绵琐细的私语
在晚烟中低低地回荡。

幽夜偷偷地从天末归来，
我独自还恋恋地徘徊；

在这寂寞的心间,我是
消隐了忧愁,消隐了欢快。

寒风中闻雀声

枯枝在寒风里悲叹,
死叶在大道上萎残;
雀儿在高唱薤露歌,
一半儿是自伤自感。

大道上是寂寞凄清,
高楼上是悄悄无声,
只有那孤岑的雀儿,
伴着孤岑的少年人。

寒风已吹老了树叶,
更吹老少年的华鬓,
更在他底愁怀里,
将一丝的温馨吹尽。

唱啊,我同情的雀儿,
唱破我芬芳的梦境;
吹罢,你无情的风儿,
吹断了我飘摇的微命。

自家伤感

怀着热望来相见,
冀希从头细说,
偏你冷冷无言;
我只合踏着残叶
远去了,自家伤感。

希望今又成虚,
且消受终天长怨。
看风里的蜘蛛,
又可怜地飘断
这一缕零丝残绪。

生　涯

泪珠儿已抛残,
只剩了悲思。
无情的百合啊,
你明丽的花枝。
你太娟好,太轻盈,
人间天上不堪寻。

人间伴我唯孤苦,
白昼给我是寂寥;
只有那甜甜的梦儿
慰我在深宵:
我希望长睡沉沉,
长在那梦里温存。

可是清晨我醒来
在枕边找到了悲哀:
欢乐只是一幻梦,
孤苦却待我生涯!
我暗把泪珠哽咽,
我又生活了一天。

泪珠儿已抛残,
悲思偏无尽,
啊,我生命的慰安!
我屏营待你垂悯:
在这世间寂寂,
朝朝只有呜咽。

流浪人的夜歌

残月是已死美人,
在山头哭泣嘤嘤,
哭她细弱的魂灵。

怪枭在幽谷悲鸣,
饥狼在嘲笑声声,
在那残碑断碣的荒坟。

此地是黑暗的占领,
恐怖在统治人群,
幽夜茫茫地不明。

来到此地泪盈盈,
我是颠连漂泊的孤身,
我要与残月同沉。

Fragments[①]

不要说爱还是恨,
这问题我不要分明:
当我们提壶痛饮时,
可先问是酸酒是芳醇?

愿她温温的眼波
荡醒我心头的春草:
谁希望有花儿果儿?
但愿在春天里活几朝。

凝泪出门

昏昏的灯,
溟溟的雨,
沉沉的未晓天;
凄凉的情绪;
将我的愁怀占住。

[①] 原标题为法语,收入《望舒诗稿》时译为《断章》。

凄绝的寂静中
你还酣睡未醒；
我无奈踯躅徘徊，
独自凝泪出门：
啊，我已够伤心。

清冷的街灯，
照着车儿前进：
我底胸怀里，
我是失去了欢欣，
愁苦已来临。

可　知

可知怎的旧时的欢乐
到回忆都变作悲哀，
在月暗灯昏时候
重重地兜上心来，
啊，我的欢爱！

为了召集唯有愁和苦，
朝朝的难遣难排，
恐惧以后无欢日，
愈觉得旧时难再，

啊,我的欢爱!

可是只要你能爱我深,
只要你深情不改,
这今日的悲哀,
会变作来朝的欢快!
啊,我的欢爱!

否则悲苦难排解,
幽暗重重向我来,
我将含怨沉沉睡,
睡在那碧草青苔,
啊,我的欢爱!

静 夜

像侵晓蔷薇底蓓蕾
含着晶耀的香露,
你盈盈地低泣,低着头,
你在我心头开了烦忧路。

你哭泣嘤嘤地不停,
我心头反复地不宁;
这烦忧是从何处生

使你坠泪,又使我伤心?

停了泪儿啊,请莫悲伤,
且把那原因细讲,
在这幽夜沉寂又微凉,
人静了,这正是时光。

山　行

见了你朝霞的颜色,
便感到我落月的沉哀,
却似晓天的云片,
烦怨飘上我心来。

可是不听你啼鸟的娇音,
我就要像流水地呜咽,
却似凝露的山花,
我不禁地泪珠盈睫。

我们彳亍在微茫的山径,
让梦香吹上了征衣,
和那朝霞,和那啼鸟,
和你不尽的缠绵意。

残花的泪

寂寞的古园中,
明月照幽素,
一枝凄艳的残花
对着蝴蝶泣诉:

我的娇丽已残,
我的芳时已过,
今宵我流着香泪,
明朝会萎谢尘土。

我的旖艳与温馨,
我的生命与青春
都已为你所有,
都已为你消受尽!

你旧日的蜜意柔情
如今已抛向何处?
看见我憔悴的颜色,
你啊,你默默无语!

你会把我孤凉地抛下,

独自蹁跹地飞去,
又飞到别枝春花上,
依依地将她恋住。

明朝晓日来时
小鸟将为我唱薤露歌;
你啊,你不会眷顾旧情
到此地来凭吊我!

十四行

微雨飘落在你披散的鬓边,
像小珠散落在青色的海带草间,
或是死鱼飘翻在浪波上,
闪出神秘又凄切的幽光;

诱着又带着我青色的灵魂,
到爱和死的梦的王国中睡眠,
那里有金色的空气和紫色的太阳,
那里可怜的生物将欢乐的眼泪流到胸膛;

就像一只黑色的衰老的瘦猫,
在幽光中我憔悴又伸着懒腰,
吐出我一切虚伪和真诚的骄傲,

然后,又跟着它踉跄在轻雾朦胧,
像淡红的酒沫飘在琥珀盅,
我将有情的眼藏在幽暗的记忆中。

不要这样盈盈地相看

不要这样盈盈地相看,
把你伤感的头儿垂倒,
静,听啊,远远地,在林里,
在死叶上的希望又醒了。

是一个昔日的希望,
它沉睡在林里已多年;
是一个缠绵烦琐的希望,
它早在遗忘里沉湮。

不要这样盈盈地相看,
把你伤感的头儿垂倒,
这一个昔日的希望,
它已被你惊醒了。

这是缠绵烦琐的希望,
如今已被你惊起了,
它又要依依地前来

将你与我烦忧。

不要这样盈盈地相看，
把你伤感的头儿垂倒，
静，听啊，远远地，从林里，
惊醒的昔日的希望来了。

回了心儿吧

回了心儿吧，Ma chère ennemie,①
我从今不更来无端地烦恼你。

你看我啊，你看我伤碎的心，
我惨白的脸，我哭红的眼睛！

回来啊，来一抚我伤痕，
用盈盈的微笑或轻轻的一吻。

Aime un peu!② 我把无主的灵魂付你：
这是我无上的愿望和最大的希冀。

---

① 法语，大意为"我又爱又恨的冤家"。
② 法语，大意为"给我一点爱"。

回了心儿吧,我这样向你泣诉,
Unpeu d'amour, pour moi; c'est déjà trop!①

雨 巷

撑着油纸伞,独自
彷徨在悠长,悠长
又寂寥的雨巷,
我希望逢着
一个丁香一样的
结着愁怨的姑娘。

她是有
丁香一样的颜色,
丁香一样的芬芳,
丁香一样的忧愁,
在雨中哀怨,
哀怨又彷徨。

她彷徨在这寂寥的雨巷,
撑着油纸伞
像我一样,

---

① 法语,大意为"你的爱,给我一点点,我就满足了"。

像我一样地，
默默彳亍着，
冷漠，凄清，又惆怅。

她静默地走近
走近，又投出
太息一般的眼光，
她飘过
像梦一般地
像梦一般地凄婉迷茫。

像梦中飘过
一枝丁香地，
我身旁飘过这女郎；
她静静地远了，远了，
到了颓圮的篱墙，
走尽这雨巷。

在雨的哀曲里，
消了她的颜色，
散了她的芬芳，
消散了，甚至她的
太息般的眼光，
丁香般的惆怅。

撑着油纸伞，独自
彷徨在悠长，悠长
又寂寥的雨巷，
我希望飘过
一个丁香一样的
结着愁怨的姑娘。

我底记忆

我底记忆是忠实于我的，
忠实甚于我最好的友人。

它存在在燃着的烟卷上，
它存在在绘着百合花的笔杆上，
它存在在破旧的粉盒上，
它存在在颓垣的木莓上，
它存在在喝了一半的酒瓶上，
在撕碎的往日的诗稿上，在压干的花片上，
在凄暗的灯上，在平静的水上，
在一切有灵魂没有灵魂的东西上，
它在到处生存着，像我在这世界一样。

它是胆小的，它怕着人们的喧嚣，
但在寂廖时，它便对我来作密切的拜访。

它的声音是低微的，
但它的话却很长，很长，
很长，很琐碎，而且永远不肯休：
它的话是古旧的，老是讲着同样的故事，
它的音调是和谐的，老是唱着同样的曲子，
有时它还模仿着爱娇的少女的声音，
它的声音是没有气力的，
而且还挟着眼泪，夹着太息。

它的拜访是没有一定的，
在任何时间，在任何地点，
甚至当我已上床，朦胧地想睡了；
人们会说它没有礼貌，
但是我们是老朋友。

它是琐琐地永远不肯休止的，
除非我凄凄地哭了，或者沉沉地睡了：
但是我永远不讨厌它，
因为它是忠实于我的。

路上的小语

——给我吧，姑娘，那朵簪在发上的
小小的青色的花，

它是会使我想起你的温柔来的。

——它是到处都可以找到的,
那边,你瞧,在树林下,在泉边,
而它又只会给你悲哀的记忆的。

——给我吧,姑娘,你的像花一般燃着的,
像红宝石一般晶耀着的嘴唇,
它会给我蜜的味,酒的味。

——不,它只有青色的橄榄的味,
和未熟的苹果的味,
而且是不给说谎的孩子的。

——给我吧,姑娘,那在你衫子下的
你那火一样的,十八岁的心,
那里是盛着天青色的爱情的。

——它是我的,是不给任何人的,
除非有人愿意把他自己底真诚的
来作一个交换,永恒地。

林下的小语

走进幽暗的树林里,
人们在心头感到了寒冷。
亲爱的,在心头你也感到寒冷吗,
当你拥在我怀里,
而且把你的唇粘着我底的时候?

不要微笑,亲爱的,
啼泣一些是温柔的,
啼泣吧,亲爱的,啼泣在我底膝上,
在我底胸头,在我底颈边。
啼泣不是一个短促的欢乐。

"追随你到世界的尽头",
你固执地这样说着吗?
你在戏谑吧!你去追平原的天风吧!
我呢,我是比天风更轻,更轻,
是你永远追随不到的。

哦,不要请求我的无用心了!
你到山上去觅珊瑚吧,
你到海底去觅花枝吧;
什么是我们的好时光的纪念吗?

在这里，亲爱的，在这里，
这沉哀的，这绛色的沉哀。

夜 是

夜是清爽而温暖；
飘过的风带着青春和爱底香味，
我的头是靠在你裸着的膝上，
你想微笑，而我却哭了。

温柔的是缢死在你底发上，
它是那么长，那么细，那么香；
但是我是怕着，那飘过的风
要把我们底青春带去。

我们只是被年海底波涛
挟着飘去的可怜的 épaves，
不要讲古旧的 romance 和理想的梦国了，
纵然你有柔情，我有眼泪。

我是怕着，那飘过的风，
已把我们底青春和别人底一同带去了，
爱呵，你起来找一下吧，
它可曾把我们底爱情带去。

独自的时候

房里曾充满过清朗的笑声，
正如花园里充满过蔷薇；
人在满积着的梦的灰尘中抽烟，
沉想着消逝了的音乐。

在心头飘来飘去的是什么啊，
像白云一样地无定，像白云一样地沉郁？
而且要对它说话也是徒然的，
正如人徒然地向白云说话一样。

幽暗的房里耀着的只有光泽的木器，
独语着的烟斗也黯然缄默，
人在尘雾的空间描摹着惨白的裸体
和烧着人的火一样的眼睛。

为自己悲哀和为别人悲哀是一样的事，
虽然自己的梦是和别人的不同的，
但是我知道今天我是流过眼泪，
而从外边，寂静是悄悄地进来。

秋 天

再过几日秋天是要来了,
默坐着,抽着陶器的烟斗
我已隐隐地听见它的歌吹
从江水的船帆上。

它是在奏着管弦乐;
这个使我想起做过的好梦;
从前我认它为好友是错了,
因为它带了忧愁来给我。

林间的猎角声是好听的,
在死叶上的漫步也是乐事,
但是,独身汉的心地我是很清楚的,
今天,我没有闲雅的兴致。

我对它没有爱也没有恐惧,
你知道它所带来的东西的重量,
我是微笑着,安坐在我的窗前,
当飘风带点恐吓的口气来说:
秋天要来了,望舒先生!

断　指

在一口老旧的、满积着灰尘的书橱中，
我保存着一个浸在酒精瓶中的断指；
每当无聊地去翻寻古籍的时候，
它就含愁地向我诉说一个使我悲哀的记忆。

它是被截下来的，从我一个已牺牲了的朋友底手上，
它是惨白的，枯瘦的，和我的友人一样，
时常萦系着我的，而且是很分明的，
是他将这断指交给我的时候的情景：

"为我保存这可笑又可怜的恋爱的纪念吧，望舒，
在零落的生涯中，它是只能增加我的不幸的了。"
他的话是舒缓的，沉着的，像一个叹息，
而他的眼中似乎是含着泪水，虽然微笑是在脸上。

关于他的"可笑又可怜的爱情"我是一些也不知道。
我知道的只是他是在一个工人家里被捕去的，
随后是酷刑吧，随后是惨苦的牢狱吧，
随后是死刑吧，那等待着我们大家的死刑吧。

关于他"可笑又可怜的爱情"我是一些也不知道。

他从未对我谈起过,即使在喝醉了酒时;
但我猜想这一定是一段悲哀的故事,他隐藏着,
他想使它跟着截断的手指一同被遗忘了。

这断指上还染着油墨底痕迹,
是赤色的,是可爱的,光辉的赤色的,
它很灿烂地在这截断的手指上,
正如他责备别人底懦怯的目光在我心头一样。

这断指常带了轻微又黏着的悲哀给我,
但是它在我又是一件很有用的珍品,
每当为了一件琐事而颓丧的时候,我会说:
"好,让我拿出那个玻璃瓶来罢。"

印　象

是飘落深谷去的
幽微的铃声吧,
是航到烟水去的
小小的渔船吧,
如果是青色的珍珠;
它已堕到古井的暗水里。

林梢闪着的颓唐的残阳,

它轻轻地敛去了
跟着脸上浅浅的微笑。

从一个寂寞的地方起来的，
迢遥的，寂寞的呜咽，
又徐徐回到寂寞的地方，寂寞地。

祭　日

今天是亡魂的祭日，
我想起了我的死去了六年的友人。
或许他已老一点了，怅惜他爱娇的妻，
他哭泣着的女儿，他剪断了的青春。

他一定是瘦了，过着漂泊的生涯，在幽冥中，
但他的忠诚的目光是永远保留着的，
而我还听到他往昔的熟稔有劲的声音，
"快乐吗，老戴？"（快乐，唔，我现在已没有了。）

他不会忘记了我：这我是很知道的，
因为他还来找我，每月一二次，在我梦里，
他老是饶舌的，虽则他已归于永恒的沉寂，
而他带着忧郁的微笑的长谈使我悲哀。

我已不知道他的妻和女儿到哪里去了，
我不敢想起她们，我甚至不敢问他，在梦里；
当然她们不会过着幸福的生涯的，
像我一样，像我们大家一样。

快乐一点吧，因为今天是亡魂的祭日；
我已为你预备了在我算是丰盛了的晚餐，
你可以找到我园里的鲜果，
和那你所嗜好的陈威士忌酒。
我们的友谊是永远地柔和的，
而我将和你谈着幽冥中的快乐和悲哀。

烦 忧

说是寂寞的秋的悒郁，
说是辽远的海的怀念，
假如有人问我烦忧的原故，
我不敢说出你的名字。

我不敢说出你的名字，
假若有人问我烦忧的原故：
说是辽远的海的怀念，
说是寂寞的秋的悒郁。

百合子

百合子是怀乡病的可怜的患者,
因为她的家是在灿烂的樱花丛里的;
我们徒然有百尺的高楼和沉迷的香夜,
但温煦的阳光和朴素的木屋总常在她缅想中。

她度着寂寂的悠长的生涯,
她盈盈的眼睛茫然地望着远处;
人们说她冷漠的是错了,
因为她沉思的眼里是有着火焰。

她将使我为她而憔悴吗?
或许是的,但是谁能知道?
有时她向我微笑着,
而这忧郁的微笑使我也坠入怀乡病里。

她是冷漠的吗?不。
因为我们的眼睛是秘密地交谈着;
而她是醉一样地合上了她的眼睛的,
如果我轻轻地吻着她花一样的嘴唇。

八重子

八重子是永远地忧郁着的，
我怕她会郁瘦了她的青春。
是的，我为她的健康挂虑着，
尤其是为她的沉思的眸子。

发的香味是簪着辽远的恋情，
辽远到要使人流泪；
但是要使她欢喜，我只能微笑，
只能像幸福者一样地微笑。

因为我要使她忘记她的孤寂，
忘记萦系着她的渺茫的乡思，
我要使她忘记她在走着
无尽的，寂寞的凄凉的路。

而且在她的唇上，我要为她祝福，
为我的永远忧郁着的八重子，
我愿她永远有着意中人的脸，
春花的脸，和初恋的心。

梦都子
——致霞村①

她有太多的蜜饯的心——
在她的手上,在她的唇上;
然后跟着口红,跟着指爪,
印在老绅士的颊上,
刻在醉少年的肩上。

我们是她年青的爸爸,诚然,
但也害怕我们的女儿到怀里来撒娇,
因为在蜜饯的心以外,
她还有蜜饯的乳房,
而在撒娇之后,她还会放肆。

你的衬衣上已有了贯矢的心,
而我的指上又有了纸捻的约指,
如果我爱惜我的秀发,
那么你又该受那心愿的忤逆。

---

① 霞村,即徐霞村。

我的素描

辽远的国土的怀念者,
我,我是寂寞的生物。

假若把我自己描画出来,
那是一幅单纯的静物写生。

我是青春和衰老的集合体,
我有健康的身体和病的心。

在朋友间我有爽直的声名,
在恋爱上我是一个低能儿。

因为当一个少女开始爱我的时候,
我先就要栗然地惶恐。

我怕着温存的眼睛,
像怕初春青空的朝阳。

我是高大的,我有光辉的眼;
我用爽朗的声音恣意谈笑。

但在悒郁的时候,我是沉默的,
悒郁着,用我二十四岁的整个的心。

单恋者

我觉得我是在单恋着,
但是我不知道是恋着谁:
是一个在迷茫的烟水中的国土吗,
是一枝在静默中零落的花吗,
是一位我记不起的陌路丽人吗?
我不知道。
我知道的是我的胸膨胀着,
而我的心悸动着,像在初恋中。

在烦倦的时候,
我常是暗黑的街头的踯躅者,
我走遍了嚣嚷的酒场,
我不想回去,好像在寻找什么。
飘来一丝媚眼或是塞满一耳腻语,
那是常有的事。
但是我会低声说:
"不是你!"然后踉跄地又走向他处。

人们称我为"夜行人",
尽便吧,这在我是一样的;
真的,我是一个寂寞的夜行人,
而且又是一个可怜的单恋者

秋天的梦

迢遥的牧女的羊铃,
摇落了轻的树叶。

秋天的梦是轻的,
那是窈窕的牧女之恋。

于是我的梦静静地来了,
但却载着沉重的昔日。

哦,现在,我有一些寒冷,
一些寒冷,和一些忧郁。

前 夜

——一夜的纪念,呈呐鸥兄①

在比志布尔②启碇的前夜,
托密的衣袖变作了手帕,

---

① 呐鸥,即刘呐鸥。
② 一艘邮船的名字。

她把眼泪和着唇脂拭在上面，
要为他壮行色，更加一点粉香。

明天会有太淡的烟和太淡的酒，
和磨不损的太坚固的时间，
而现在，她知道应该有怎样的忍耐：
托密已经醉了，而且疲倦得可怜。

这有橙花香味的南方的少年，
他不知道明天只能看见天和海——
或许在"家，甜蜜的家"① 里他会康健些，
但是他的温柔的亲戚却奥更瘦，更瘦。

村　姑

村里的姑娘静静地走着，
提着她的蚀着青苔的水桶；
溅出来的冷水滴在她的跣足上，
而她的心是在泉边的柳树下。

这姑娘会静静地走到她的旧屋去，
那在一棵百年的冬青树荫下的旧屋，

---

① 出自英国歌曲《可爱的家》。

而当她想到在泉边吻她的少年,
她会微笑着,抿起了她的嘴唇。

她将走到那古旧的木屋边,
她将在那里惊散了一群在啄食的瓦雀,
她将静静地走到厨房里,
又静静地把水桶放在干刍边。

她将帮助她的母亲造饭,
而从田间回来的父亲将坐在门槛上抽烟,
她将给猪圈里的猪喂食,
又将可爱的鸡赶进它们的窠里去。

在暮色中吃晚饭的时候,
她的父亲会谈着今年的收成,
她或许会说到她的女儿的婚嫁,
而她便将羞怯地低下头去。

她的母亲或许会说她的懒惰,
(她打水的迟疑便是一个好例子,)
但是她会不听到这些话,
因为她在想着那有点鲁莽的少年。

野　宴

对岸青叶荫下的野餐，
只有百里香和野菊作伴；
河水已洗涤了碍人的礼仪，
白云遂成为飘动的天幕。

那里有木叶一般绿的薄荷酒，
和你所爱的芬芳的腊味，
但是这里有更可口的芦笋
和更新鲜的乳酪。

我的爱软的草的小姐，
你是知味的美食家：
先尝这开胃的饮料，
然后再试那丰盛的名菜。

二　月

春天已在野菊的头上逡巡着了，
春天已在斑鸠的羽上逡巡着了，
春天已在青溪的藻上逡巡着了，
绿荫的林遂成为恋的众香国。

于是原野将听倦了谎话的交换，
而不载重的无邪的小草，
将醉着温软的皓体的甜香；

于是，在暮色冥冥里，
我将听了最后一个游女的惋叹，
拈着一枝蒲公英缓缓地归去。

小 病

从竹帘里漏进来的泥土的香，
在浅春的风里它几乎凝住了；
小病的人嘴里感到了莴苣的脆嫩，
于是遂有了家乡小园的神往。

小园里阳光是常在芸苔的花上吧，
细风是常在细腰蜂的翅上吧，
病人吃的莱菔①的叶子许被虫蛀了，
而雨后的韭菜却许已有甜味的嫩芽了。

现在，我是害怕那使我脱发的饕餮了，
就是那滑腻的海鳗般美味的小食也得斋戒，

---

① 即萝卜。

因为小病的身子在浅春的风里是软弱的,
况且我又神往于家园阳光下的莴苣。

款步（一）

这里是爱我们的苍翠的松树,
它曾经遮过你的羞涩和我的胆怯,
我们的这个同谋者是有一个好记性的,
现在,它还向我们说着旧话,但并不揶揄。

还有那多嘴的深草间的小溪,
我不知道它今天为什么缄默:
我不看见它,或许它已换一条路走了,
饶舌着,施施然绕着小村而去了。

这边是来做夏天的客人的闲花野草,
它们是穿着新装,像在婚筵里,
而且在微风里对我们作有礼貌的礼敬,
好像我们就是新婚夫妇。

我的小恋人,今天我不对你说草木的恋爱,
却让我们的眼睛静静地说我们自己的,
而且我要用我的舌头封住你的小嘴唇了,
如果你再说:我已闻到你的愿望的气味。

款步(二)

答应我绕过这些木栅,
去坐在江边的游椅上。
啮着沙岸的永远的波浪,
总会从你投出着的素足
撼动你抿紧的嘴唇的。
而这里,鲜红并寂静得
与你的嘴唇一样的枫林间,
虽然残秋的风还未来到,
但我已从你的缄默里,
觉出了它的寒冷。

有 赠

谁曾为我束起许多花枝,
灿烂过又憔悴了的花枝?
谁曾为我穿起许多泪珠,
又倾落到梦里去的泪珠?

我认识你充满了怨恨的眼睛,
我知道你愿意缄在幽暗中的话语,
你引我到了一个梦中,

我却又在另一个梦中忘了你。

我的梦和我的遗忘中的人,
哦,受过我暗自祝福的人,
终日有意地灌溉着蔷薇,
我却无心地让寂寞的兰花愁谢。

游子谣

海上微风起来的时候,
暗水上开遍青色的蔷薇。
——游子的家园呢?

篱门是蜘蛛的家,
土墙是薜荔的家,
枝繁叶茂的果树是鸟雀的家。

游子却连乡愁也没有,
他沉浮在鲸鱼海蟒间:
让家园寂寞的花自开自落吧。

因为海上有青色的蔷薇,
游子要萦系他冷落的家园吗?
还有比蔷薇更清丽的旅伴呢。

清丽的小旅伴是更甜蜜的家园,
游子的乡愁在那里徘徊踯躅。
唔,永远沉浮在鲸鱼海蟒间吧。

秋　蝇

木叶的红色,
木叶的黄色,
木叶的土灰色:
窗外的下午!

用一双无数的眼睛,
衰弱的苍蝇望得昏眩。
这样窒息的下午啊!
它无奈地搔着头搔着肚子。

木叶,木叶,木叶,
无边木叶萧萧下。

玻璃窗是寒冷的冰片了,
太阳只有苍茫的色泽。
巡回地散一次步吧!
它觉得它的脚软。

红色,黄色,土灰色,
昏眩的万花筒的图案啊!

迢遥的声音,古旧的,
大伽蓝的钟磬?天末的风?
苍蝇有点僵木,
这样沉重的翼翅啊!

飘下地,飘上天的木叶旋转着,
红色,黄色,土灰色的错杂的回轮。

无数的眼睛渐渐模糊,昏黑,
什么东西压到轻绡的翅上,
身子像木叶一般地轻,
载在巨鸟的翎翮上吗?

夜行者

这里他来了:夜行者!
冷清清的街道有沉重的跫音,
从黑茫茫的雾,
到黑茫茫的雾。

夜的最熟稔的朋友,

他知道它的一切琐碎,
那么熟稔,在它的熏陶中,
他染了它一切最古怪的脾气。

夜行者是最古怪的人。
你看他走在黑夜里:
戴着黑色的毡帽,
迈着夜一样静的步子。

微　辞

园子里蝶褪了粉蜂褪了黄,
则木叶下的安息是允许的吧,
然而好弄玩的女孩子是不肯休止的,
"你瞧我的眼睛,"她说,"它们恨你!"

女孩子有恨人的眼睛,我知道,
她还有不洁的指爪,
但是一点恬静和一点懒是需要的,
只瞧那新叶下静静的蜂蝶。

魔道者使用曼陀罗根或是枸杞,
而人却像花一般地顺从时序,
夜来香娇妍地开了一个整夜,

朝来送入温室一时能重鲜吗？

园子都已恬静，
蜂蝶睡在新叶下，
迟迟的永昼中
无厌的女孩子也该休止。

妾薄命

一枝，两枝，三枝，
床巾上的图案花
为什么不结果子啊！
过去了：春天，夏天，秋天。

明天梦已凝成了冰柱；
还会有温煦的太阳吗？
纵然有温煦的太阳，跟着檐溜，
去寻坠梦的玎玲吧！

少年行

是簪花的老人呢，
灰暗的篱笆披着茑萝；

旧曲在颤动的枝叶间死了，
新蜕的蝉用单调的生命赓续。

结客寻欢都成了后悔，
还要学少年的行蹊吗？

平静的天，平静的阳光下，
烂熟的果子平静地落下来了。

旅　思

故乡芦花开的时候，
旅人的鞋跟染着征泥，
粘住了鞋跟，粘住了心的征泥，
几时经可爱的手拂拭？

栈石星饭的岁月，
骡山骡水的行程，
只有寂静中的促织声，
给旅人尝一点家乡的风味。

不　寐

在沉静底音波中，
每个爱娇的影子
在眩晕的脑里
作瞬间的散步；

只是短促的瞬间，
然后列成桃色的队伍，
月移花影地淡然消溶，
飞机上的阅兵式。

掌心抵着炎热的前额，
腕上有急促的温息；
是那一宵的觉醒啊？
这种透过皮肤的温息。

让沉静底最高的音波
来震破脆弱的耳膜吧。
窒息的白色的帐子，墙……
什么地方去喘一口气呢？

深闭的园子

五月的园子
已花繁叶满了,
浓荫里却静无鸟喧。

小径已铺满苔藓,
而篱门的锁也锈了——
主人却在迢遥的太阳下。

在迢遥的太阳下,
也有璀璨的园林吗?

陌生人在篱边探首,
空想着天外的主人。

灯

士为知己者用,
故承恩的灯
遂做了恋的同谋人:
作憧憬之雾的
青色的灯,

作色情之屏的
桃色的灯。

因为我们知道爱灯,
如仁者乐山,智者乐水,
为供它的法眼的鉴赏
我们展开秘藏的风俗画:
灯却不笑人的风魔。

在灯的友爱的光里,
人走进了美容院;
千手千眼的技师,
替人匀着最宜雅的脂粉,
于是我们便目不暇给。

太阳只发着学究的教训,
而灯光却作着亲切的密语,
至于交头接耳的暗黑,
就是饕餮者的施主了。

寻梦者

梦会开出花来的,
梦会开出娇妍的花来的:

去求无价的珍宝吧。

在青色的大海里,
在青色的大海的底里,
深藏着金色的贝一枚。

你去攀九年的冰山吧,
你去航九年的旱海吧,
然后你逢到那金色的贝。

它有天上的云雨声,
它有海上的风涛声,
它会使你的心沉醉。

把它在海水里养九年,
把它在天水里养九年,
然后,它在一个暗夜里开绽了。

当你鬓发斑斑了的时候,
当你眼睛朦胧了的时候,
金色的贝吐出桃色的珠。

把桃色的珠放在你怀里,
把桃色的珠放在你枕边,
于是一个梦静静地升上来了。

你的梦开出花来了，
你的梦开出娇妍的花来了，
在你已衰老了的时候。

乐园鸟

飞着，飞着，春，夏，秋，冬，
昼，夜，没有休止，
华羽的乐园鸟，
这是幸福的云游呢，
还是永恒的苦役？

渴的时候也饮露，
饥的时候也饮露，
华羽的乐园鸟，
这是神仙的佳肴呢，
还是为了对于天的乡思？

是从乐园里来的呢，
还是到乐园里去的？
华羽的乐园鸟，
在茫茫的青空中
也觉得你的路途寂寞吗？

假使你是从乐园里来的
可以对我们说吗,
华羽的乐园鸟,
自从亚当、夏娃被逐后,
那天上的花园已荒芜到怎样了?

古神祠前

古神祠前逝去的
暗暗的水上,
印着我多少的
思量底轻轻的脚迹,
比长脚的水蜘蛛,
更轻更快的脚迹。

从苍翠的槐树叶上,
它轻轻地跃到
饱和了古愁的钟声的水上
它掠过涟漪,踏过荇藻,
跨着小小的,小小的
轻快的步子走。
然后,蹰躇着,
生出了翼翅……

它飞上去了,
这小小的蜉蝣,
不,是蝴蝶,它翩翩飞舞,
在芦苇间,在红蓼花上;
它高升上去了,
化作一只云雀,
把清音撒到地上……
现在它是鹏鸟了。
在浮动的白云间,
在苍茫的青天上,
它展开翼翅慢慢地,
作九万里的翱翔,
前生和来世的逍遥游。

它盘旋着,孤独地,
在迢遥的云山上,
在人间世的边际;
长久地,固执到可怜。

终于,绝望地
它疾飞回到我心头
在那儿忧愁地蛰伏。

见毋忘我花

为你开的,
为我开的毋忘我花,
为了你的怀念,
为了我的怀念,
它在陌生的太阳下,
陌生的树林间,
谦卑地,悒郁地开着。

在僻静的一隅,
它为你向我说话,
它为我向你说话;
它重数我们用凝望
远方潮润的眼睛,
在沉默中所说的话,
而它的语言又是
像我们的眼一样沉默。

开着吧,永远开着吧,
挂虑我们的小小的青色的花。

微　笑

轻岚从远山飘开，
水蜘蛛在静水上徘徊，
说吧：无限意，无限意。

有人微笑，
一棵心开出花来，
有人微笑，
许多脸儿忧郁起来。

做定情之花带的点缀吧。
做遥迢之旅愁之凭借吧。

古意答客问

孤心逐浮云之炫烨的卷舒，
惯看青空的眼喜侵阈的青芜。
你问我的欢乐何在？
——窗头明月枕边书。

侵晨看岗踯躅于山巅，

入夜听风琐语于花间。
你问我的灵魂安息于何处?
——看那袅绕地,袅绕地升上去的炊烟。

渴饮露,饥餐英;
鹿守我的梦,鸟祝我的醒.
你问我可有人间世的挂虑?
——听那消沉下去的百代之过客的跫音。

灯

灯守着我,劬劳地,
凝看我眸子中
有穿着古旧的节日衣衫的
欢乐儿童,
忧伤稚子,
像木马栏似地
转着,转着,永恒地……

而火焰的春阳下的树木般的
小小的爆裂声,
摇着我,摇着我,
柔和地。

美丽的节日萎谢了，
木马栏犹自转着，转着……
灯徒然怀着母亲的劬劳，
孩子们的彩衣已褪了颜色。

已矣哉！
采撷黑色大眼睛的凝视
去织最绮丽的梦网！
手指所触的地方：
火凝作冰焰，
花幻作枯枝。
灯守着我。让它守着我！

曦阳普照，蜥蜴不复浴其光，
帝王长卧，鱼烛永远地高烧
在他森森的陵寝。

这里，一滴一滴地，
寂静坠落，坠落，坠落。

秋夜思

谁家动刀尺？
心也需要秋衣。

听鲛人的召唤，
听木叶的呼息！
风从每一条脉络进来，
窃听心的枯裂之音。

诗人云：心即是琴。
谁听过那古旧的阳春白雪？
为真知的死者的慰藉，
有人已将它悬在树梢，
为天籁之凭托——
但曾一度谛听的飘逝之音。

而断裂的吴丝蜀桐，
仅使人从弦柱间思忆华年。

小　曲

啼倦的鸟藏喙在彩翎间，
音的小灵魂向何处翩跹？
老去的花一瓣瓣委尘土，
香的小灵魂在何处留连？

它们不能在地狱里，不能，
这那么好，这那么好的灵魂！

那么是在天堂，在乐园里？
摇摇头，圣彼得可也否认。

没有人知道在哪里，没有，
诗人却微笑而三缄其口：
有什么东西在调和氤氲，
在他的心的永恒的宇宙。

赠克木[①]

我不懂别人为什么给那些星辰
取一些它们不需要的名称，
它们闲游在太空，无牵无挂，
不了解我们，也不求闻达。

记着天狼、海王、大熊……这一大堆，
还有它们的成分，它们的方位，
你绞干了脑汁，涨破了头，
弄了一辈子，还是个未知的宇宙。

星来星去，宇宙运行，
春秋代序，人死人生，

---

① 克木，即金克木。

太阳无量数,太空无限大,
我们只是倏忽渺小的夏虫井蛙。

不痴不聋,不做阿家翁,
为人之大道全在懵懂,
最好不求甚解,单是望望,
看天,看星,看月,看太阳。
也看山,看水,看云,看风,
看春夏秋冬之不同,
还看人世的痴愚,人世的倥偬:
静默地看着,乐在其中。

乐在其中,乐在空与时以外,
我和欢乐都超越过一切境界,
自己成一个宇宙,有它的日月星,
来供你钻究,让你皓首穷经。

或是我将变成一颗奇异的彗星,
在太空中欲止即止,欲行即行,
让人算不出轨迹,瞧不透道理,
然后把太阳敲成碎火,把地球撞成泥。

眼

在你的眼睛的微光下
迢遥的潮汐升涨：
玉的珠贝，
青铜的海藻……
千万尾飞鱼的翅，
剪碎分而复合的
顽强的渊深的水。

无渚崖的水，
暗青色的水！
在什么经纬度上的海中，
我投身又沉溺在
以太阳之灵照射的诸太阳间，
以月亮之灵映光的诸月亮间，
以星辰之灵闪烁的诸星辰间？
于是我是彗星，
有我的手，
有我的眼，
并尤其有我的心。

我晞曝于你的眼睛的
苍茫朦胧的微光中，

并在你上面，
在你的太空的镜子中
鉴照我自己的
透明而畏寒的
火的影子，
死去或冰冻的火的影子。

我伸长，我转着，
我永恒地转着，
在你永恒的周围
并在你之中……
我是从天上奔流到海，
从海奔流到天上的江河，
我是你每一条动脉，
每一条静脉，
每一个微血管中的血液，
我是你的睫毛
（它们也同样在你的
眼睛的镜子里顾影），
是的，你的睫毛，你的睫毛，

而我是你，
因而我是我。

夜 蛾

绕着蜡烛的圆光,
夜蛾作可怜的循环舞,
这些众香国的谪仙不想起
已死的虫,未死的叶。

说这是小睡中的亲人,
飞越关山,飞越云树,
来慰藉我们的不幸,
或者是怀念我们的死者,
被记忆所逼,离开了寂寂的夜台来。

我却明白它们就是我自己,
因为它们用彩色的大绒翅
遮覆住我的影子,
让它留在幽暗里。
这只是为了一念,不是梦,
就像那一天我化成凤。

寂 寞

园中野草渐离离,
托根于我旧时的脚印。

给他们披青春的彩衣；
星下的盘桓从兹消隐。

日子过去，寂寞永存，
寄魂于离离的野草。
像那些可怜的灵魂，
长得和我一般高。

我今不复到园中去，
寂寞已如我一般高；
我夜坐听风，昼眠听雨，
悟得月如何缺，天如何老。

我用残损的手掌

我用残损的手掌
摸索这广大的土地：
这一角已变成灰烬，
那一角只是血和泥；
这一片湖该是我的家乡，
（春天，堤上繁花如锦幛，
嫩柳枝折断有奇异的芬芳，）
我触到荇藻和水的微凉；
这长白山的雪峰冷到彻骨，

这黄河的水夹泥沙在指间滑出；
江南的水田，你当年新生的禾草
是那么细，那么软……现在只有蓬蒿；
岭南的荔枝花寂寞地憔悴，
尽那边，我蘸着南海没有渔船的苦水……
无形的手掌掠过无限的江山，
手指沾了血和灰，手掌粘了阴暗，
只有那辽远的一角依然完整，
温暖，明朗，坚固而蓬勃生春。
在那上面，我用残损的手掌轻抚，
像恋人的柔发，婴孩手中乳。
我把全部的力量运在手掌
贴在上面，寄与爱和一切希望，
因为只有那里是太阳，是春，
将驱逐阴暗，带来苏生，
因为只有那里我们不像牲口一样活，
蝼蚁一样死……那里，永恒的中国！

示长女

记得那些幸福的日子，
女儿，记在你幼小的心灵，
你童年点缀着海鸟的彩翎，
贝壳的珠色，潮汐的清音，

山岚的苍翠，繁花的绣锦，
和爱你的父母的温存。

我们曾有一个安乐的家，
环绕着淙淙的泉水声，
冬天曝着太阳，夏天笼着清荫，
白天有朋友，晚上有恬静，
岁月在窗外流，不来打扰，
屋里终年长驻的欢欣，
如果人家窥见我们在灯下谈笑，
就会觉得单为了这也值得过一生。

我们曾有一个临海的园子，
它给我们滋养的番茄和金笋，
你妈妈在太阳阴里缝纫，
你爸爸读倦了书去垦地，
你呢，你在草地上追彩蝶，
然后在温柔的怀里寻温柔的梦境。

人人说我们最快活，
也许因为我们生活得蠢，
也许因为你妈妈温柔又美丽，
也许因为你爸爸诗句最清新。

可是，女儿，这幸福是短暂的，

一霎时都被云锁烟埋；
你记得我们的小园临大海，
从那里你一去就不再回来，
从此我对着那迢遥的天涯，
松树下常常徘徊到暮霭。

那些绚烂的日子，像彩蝶，
现在枉费你摸索追寻，
我仿佛看见你从这间房
到那间，用小手挥逐阴影，
然后，缅想着天外的父亲，
把疲倦的头搁在小小的绣枕。

可是，记得那些幸福的日子，
女儿，记在你幼小的心灵，
你爸爸仍旧会来，像往日，
守护你的梦，守护你的醒。

在天晴了的时候

在天晴了的时候，
该到小径中去走走；
给雨润过的泥路，
一定是凉爽又温柔；

炫耀着新绿的小草，
已一下子洗净了尘垢；
不再胆怯的小白菊，
慢慢地抬起它们的头，
试试寒，试试暖，
然后一瓣瓣地绽透；
抖去水珠的凤蝶儿
在木叶间自在闲游，
把它的饰彩的智慧书页
曝着阳光一开一收。

到小径中去走走吧，
在天晴了的时候；
赤着脚，携着手，
踏着新泥，涉过溪流。
新阳推开了阴霾了，
溪水在温风中晕皱，
看山间移动的暗绿——
云的脚迹——它也在闲游。

赠　内

空白的诗帖，
幸福的年岁；

因为我苦涩的诗节，
只为灾难树里程碑。

即使清丽的词华，
也会消失它的光鲜，
恰如你鬓边憔悴的花，
映着明媚的朱颜。

不如寂寂地过一生，
受着你光彩的熏沐，
一旦为后人说起时，
但叫人说往昔某人最幸福。

偶　成

如果生命的春天重到，
古旧的凝冰都哗哗地解冻，
那时我会再看见灿烂的微笑，
再听见明朗的呼唤——这些迢遥的梦。

这些好东西都决不会消失，
因为一切好东西都永远存在，
它们只是像冰一样凝结，
而有一天会像花一样重开。

(2) 诗歌理论精选

望舒诗论[①]

《现代》编者缀言：戴望舒先生本来答应替这一期《现代》写一篇关于诗的理论文章，但终于因为他正急于赴法，无暇执笔。在他动身的前夜，我从他的随记手册中抄取了以上这些断片，以介绍给读者。想注意他的诗的读者，一定对于他这初次发表的诗论会得感受些好味道的。

一

诗不能借重音乐，它应该去了音乐的成分。

二

诗不能借重绘画的长处。

三

单是美的字眼的组合不是诗的特点。

[①] 原载于1932年《现代》第二卷第一期，收入1933年《望舒草》时更名为《诗论零札》。

四

象征派的人们说:"大自然是被淫过一千次的娼妇。"但是新的娼妇安知不会被淫过一万次,被淫的次数是没有关系的,我们要有新的淫具,新的淫法。

五

诗的韵律不在字的抑扬顿挫上,而在诗的情绪的抑扬顿挫上,即在诗情的程度上。

六

新诗最重要的是诗情上的 nuance 而不是字句上的 nuance(法文:变异)。

七

韵和整齐的字句会妨碍诗情,或使诗情成为畸形的。倘把诗的情绪去适应呆滞的,表面的旧规律,就和把自己的足去穿别人的鞋子一样。愚劣的人们削足适履,比较聪明一点的人选择较合脚的鞋子,但是智者却为自己制最合自己的脚的鞋子。

八

诗不是某一个官感的享乐,而是全官感或超官感的东西。

九

新的诗应该有新的情绪和表现这种情绪的形式。所谓形式，决非表面上的字的排列，也决非新的字眼的堆积。

十

不必一定拿新的事物来做题材（我不反对拿新的事物来做题材），旧的事物中也能找到新的诗情。

十一

旧的古典的应用是无可反对的，在它给予我们一个新情绪的时候。

十二

不应该有只是炫奇的装饰癖，那是不永存的。

十三

诗应该有自己的 originalité（法文：特征），但你须使它有 cosmopolité（法文：普遍）性，两者不能缺一。

十四

诗是由真实经过想象而出来的，不单是真实，亦不单是想象。

十五

诗应将自己的情绪表现出来，而使人感到一种东西，诗本身就像是一个生物，不是无生物。

十六

情绪不是用摄影机摄出来的,它应当用巧妙的笔触描写出来。这种笔触又须是活的,千变万化的。

十七

只在用某一种文字写来,某一国人读了感到好的诗,实际上不是诗,那最多是文字的魔术。真的诗的好处并不就是文字的长处。

诗论零札

一

竹头木屑，牛溲马勃，运用得法，可成为诗，否则仍是一堆弃之不足惜的废物。罗绮锦绣，贝玉金珠，运用得法，亦可成为诗，否则还是一些徒炫眼目的不成器的杂碎。

诗的存在在于它的组织。在这里，竹头木屑，牛溲马勃，和罗绮锦绣，贝玉金珠，其价值是同等的。

批评别人的诗说"如七宝楼台，炫人眼目，拆碎下来，不成片段"，是一种不成理之论。问题不是在于拆碎下来成不成片段，却是在搭起来是不是一座七宝楼台。

二

西子捧心，人皆曰美，东施效颦，见者掩面。西子之所以美，东施之所以丑的，并不是捧心或颦眉，而是她们本质上美丑。本质上美的，荆钗布裙不能掩；本质上丑的，珠衫翠袖不能饰。

诗也是如此，它的佳劣不在形式而在内容。有"诗"的诗，虽以佶屈聱牙的文字写来也是诗，没有"诗"的诗，虽韵律整齐音节铿锵，仍然不是诗。只有乡愚才会把穿了彩衣的丑妇当作美人。

---

① 最初刊载于《华侨日报 文艺副刊》第二期，1944年2月6日。

三

说"诗不能翻译"是一个通常的错误。只有坏诗一经翻译才失去一切,因为实际它并没有"诗"包涵在内,而只是字眼和声音的炫弄,只是渣滓。真正的诗在任何语言的翻译中都永远保持着它的价值。而这价值,不但是地域,就是时间也不能损坏的。

翻译可以说是诗的试金石,诗的滤箩。

不用说,我是指并不歪曲原作的翻译。

四

韵律齐整论者说:有了好的内容而加上"完整的"形式,诗始达于完美之境。

此说听上去好像有点道理,仔细想想,就觉得大谬。诗情是千变万化的,不是仅仅几套形式和韵律的制服所能衣蔽。以为思想应该穿衣裳已经是专断之论了(梵乐希:《文学》),何况主张不论肥瘦高矮,都应该一律穿上一定尺寸的制服?

所谓"完整"并不应该就是"与其他相同"。每一首诗应该有它自己固有的"完整",即不能移植的它自己固有的形式,固有的韵律。

五

米尔顿说,韵是野蛮人的创造;但是,一般意义的"韵律",也不过是半开化人的产物而已。仅仅非难韵实乃五十步笑百步之见。

诗的韵律不应只有浮浅的存在。它不应存在于文字的音韵抑扬这表面，而应存在于诗情的抑扬顿挫这内里。

在这一方面，昂德莱·纪德提出过更正确的意见："语辞的韵律不应是表面的，矫饰的，只在于锁骼的语言的继承；它应该随着那由一种微妙的起承转合所按拍着的，思想的曲线而波动着。"

六

定理：

音乐：以音和时间来表现的情绪的和谐。

绘画：以线条和色彩来表现的情绪的和谐。

舞蹈：以动作来表现的情绪的和谐。

诗：以文字来表现的情绪的和谐。

对于我，音乐，绘画，舞蹈等等，都是同义字，因为它们所要表现的是同一的东西。

七

把不是"诗"的成分从诗里放逐出去。所谓不是"诗"的成分，我的意思是说，在组织起来时对于诗并非必需的东西。例如通常认为美丽的词藻，铿锵的音韵等等。

并不是反对这些词藻、音韵本身。只当它们对于"诗"并非必需，或妨碍"诗"的时候，才应该驱除它们。

（3）散文精选

航海日记[①]

"Journal Sentimental"
Excusemoí, jel'ailu
(jelatrouredansdatable
cammune, grandhasard!)
je I'linlitrule ainsi, tu
serais contene.

一九三二年十月八日

今天终于要走了。早上六点钟就醒来。绛年很伤心。我们互相要说的话实在太多了，但是结果除了互相安慰之外，竟没有说了什么话。我真想哭一回。

从振华到码头。送行者有施老伯，蛰存，杜衡，时英，秋原夫妇，呐鸥，王，瑛姊，蕻，及绛年。父亲和蕻没有上船来。我们在船上请王替我们摄影。

[①] 这些日记均是戴望舒1932年前往法国途中所作，编者以《航海日记》这一标题将它们集中起来，以便展示。

最难堪的时候是船快开的时候。绛年哭了。我在船舷上，丢下了一张字条去，说："绛，不要哭。"那张字条随风落到江里去，绛年赶上去已来不及了。看见她这样奔跑着的时候，我几乎忍不住我的眼泪了。船开了。我回到舱里。在船掉好了头开出去的时候，我又跑到甲板上去，想不到送行的人还在那里，我又看见了一次绛年，一直到看不见她的红绒衫和白手帕的时候才回舱。

房舱是第 327 号，同舱三人，都是学生。周焕南方大学，赵沛霖中法大学，刁士衡燕大研究院。

饭菜并不好，但是有酒，而且够吃，那就是了。

饭后把绛年给我的项圈戴上了。这算是我的心愿的证物：永远爱她，永远系念着她。

躺在舱里，一个人寂寞极了。以前，我是想到法国去三四年的。昨天，我已答应绛年最多去两年了。现在，我真懊悔有到法国去那种痴念头了。为了什么呢，远远地离开了所爱的人。如果可能的话，我真想回去了。常常在所爱的人，父母，好友身边活一世的人，可不是最幸福的人吗？

吃点心前睡着了一会儿，这几天真累极了。

今天有一件使人生气的事，便是被码头的流氓骗去了一百法郎。

一九三二年十月九日

上午在甲板上晒太阳，看海水，和同船人谈话。同船的中国人竟没有一个人能说得上法语的。下午译了一点 Ayala，又到甲板上去，度寂寞的时候。晚间隔壁舱中一个商人何华携 Portwine 来共饮，和同舱人闲谈到十点多才睡。

一九三二年十月十日

照常是单调的生活。译了一点儿 Ayala。下午写信给绛年，家，蛰存，瑛姊，因为明天可以到香港了。

晚上睡得很迟，因为想看看香港的夜景，但是只看见黑茫茫的海。

一九三二年十月十一日

船在早晨六时许到香港，靠在香港对面的九龙码头。第一次看见香港。屋子都筑在山上，晨气中远远望去，像是一个魔法师的大堡寨。我们一行十一人上岸登渡头到香港去，把昨天所写的信寄了，然后乘人力车到先施公司去，在先施公司走了一转，什么也没有买，和林、周二人先归。船上饭已吃过，交涉也无效，和林、周三人饮酒嚼饼干果腹。醉饱之后，独自上码头在九龙车站附近散步。遇见到里昂去的卓君，招待他上船，又请他给我买了一张帆布床。以后呢，上船到甲板上走走，在舱里坐坐而已。

船下午六时开，上船的人很多。有一广东少女很 Charming，是到西贡去的。她说在上海住过四年，能说几句法文，又说她舱中只她一人（她的舱就在我们隔壁）。我看她有点不稳，大约不是娼妓就是舞女。

船开后便有风浪，同舱的赵沛霖大吐特吐，只得跑出来。洗了一个澡就到甲板上去闲坐。一直坐到十点多才睡。

一九三二年十月十二日

下午，那 Cantanaise 来闲谈了。她要打电报，我给她把电报译成了号码陪她去打，可是她要拍电去的堤岸是没有电报局的，只得回下来。她要我到西贡时送她上汽车，我也答应了。她姓陈名若兰。在她舱里看她的时候，她穿着一件 Pyjama，颈上挂着一条白金项链，真是可爱。四点钟光景，她迁住二等 25 号去。

夜晚前后，那 Cantanaise 在三等舱中造成一个 Sensation，一个广东青年来找我，问我她是否（是）我们 Sister，Louis Rolle 则向我断定她是一个娼妓，一次二元就够了；一个安南少年来对我说，他常在香港歌台舞榭间看见她，大约不是正经人，而且她还没有护照。同舟中国人常向我开玩笑，好像我已和她有了什么关系似的。真是岂有此理。

临睡之前到甲板上去散步，碰到我们对面舱中的那个法国军官。他从上海到香港包了一个法国娼妓（洋五十元也）。那娼妓在香港下去了。他似乎性欲发得忍不住了，问我有没有法子 couder avec 那几个公使小姐。我对他说那是公使小姐，花钱也没有办法的，他却说 on peut trouver le moijer tont de maine。小姐们没有男子陪着旅行，我想，真是危险。这三位小姐不知道会不会吃亏呢。

Ayala 还没有译下去，因为饭堂里又热又闷，简直坐不住。真令人心焦。

一九三二年十月十三日

那广东少年姓邓，他今日来找了我好多次，要我陪着他去看陈若兰，大约他看出自己信用不好，找我去做幌子。我陪他去了两次。譬如那 Cantanaise 已有丈夫了。我想她大概是一个外室吧。她要到堤岸去。堤岸叫做 Cholon，故昨日电报没有打通，那广东少年很热心，让他去送她吧。

一九三二年十月十四日

起来写信给绛年，蛰存，家。午时便到西贡了。乘船人凑起钱来，请我做总办去玩。验护照后即下船，步行至 iardin botanigue 去，看了一回，乘洋车返船，真累极了。吃过点心后，和同船人到 marché 去玩，一点也没意思。在归途中遇见那广东少年。他把通信处告诉我，并约我六时去。他的通讯处是 Photo Ideal, 74, Boulevard Bonvard。

吃过午饭，即乘车去找他。和他及 Photo Ideal 的老板 Nhu 一同出去。他们还未吃饭，遂先上饭馆。饭后，即到旅馆中去转了一转，我和 Nhu 则在街上等他。Nhu 对我说，邓的父亲稍有几个钱，所以他只是游浪，不务正业，他们是在巴黎认识的，白相朋友而已。邓出来后，我们决定去跳舞，但因时间太早，故先到咖啡店中去坐了一回。十点多钟，跟他们出发去找舞伴，因为西贡是没有舞伴的。我们乘车到了一家安南人的家里。那人家只有三个女人在那里，据说男人已出门做生意了。安南人家的布置很特别，我们所去的一家已经有点欧化了。等那三位安南小姐梳妆好之后，便一同乘车至 Dancing Majestic。那是西贡最上等的舞场，进去要出门票。音乐很好，又有歌舞女歌舞，感觉尚不坏。可是我很累，很少跳。到二点多钟，始返。他们要我住到那三位小姐家里去，我没有去。那三位安南小姐的名字是 Alice Tmiu, Jeamne Dtomg, Le Homg，舞艺以 Alice 为最佳。

一九三二年十月十五日

起身后和同船人一同出去，预备到 Cholon 去玩，我先去兑钱，中途失散了，找他们不着，便一个人在路上闲逛。寄了信，喝了一瓶啤酒，即回船。他们都在船中了。他们与车夫闹了起来，不会说话，不认识路，只得回来。午饭后，再与他们一同出发到 Cholon 去。先到 marché，乘电车往。Cholon 是广东人群住之处。我们在那儿逛了一回之后，到一家叫太湖楼的酒家喝茶，听歌，吃点心。返西贡后，至 Photo Ideal 去了一趟，辞了邓的约会。到 marché 去买一顶白遮阳帽，天忽大雨，等雨停了才乘车返舟。

西贡天气很热，又常下雨，真糟糕。第一次饮椰子浆。

一九三二年十月十六日

一直睡到吃午饭的时候。午饭后，在船上走来走去，而已。

夜饭后和林华上岸去喝啤酒，回来即睡。船就要在明晨四时开了。

一九三二年十月十七日

起来时船已在大海中航行了。一种莫名其妙的悲哀捉住了我。我真多么想着家，想着绛年啊。带来的牛肉干已经坏了，只好丢在海里。绛年给我的 Sumkist 幸亏吃得快，然而已经烂了两个了。

今天整天为乡愁所困，什么事也没有做。

下午起了风浪，同舱中人，除我以外，都晕了。

在西贡花了许多钱，想想真不该。以后当节省。

一九三二年十月十八日

下午译了一点 Ayala。四点半举行救生演习，不过带上救命筏到甲板上去点了一次名而已。吃过晚饭后又苦苦地想着绛年，开船时的那种景象又来到我眼前了。

明天就要到新加坡，把给绛年，蛰存，家，瑛姊的信都写好了。

一九三二年十月十九日

上午九时光景到了新加坡，船靠岸的时候有许多本地土人操着小舟来讨钱，如果我们把钱丢下水去，他们就跃入水中去拿起来，百不失一。其中一老人技尤精，他能一边吸雪茄，一边跳入水去。上岸后里昂大学的学生们都乘车去逛了。我和林二人步行去寄信，在马路上走了一圈，喝了两瓶桔子汁，买了一份报回来。觉得新加坡比西贡干净得多。

在码头上买了一粒月光石，预备送给绛年。

船在下午三时启碇，据说明天可以到槟榔。

在香港换的美国现洋大上当，只值二十法郎，有的地方竟还不要，而钞票却值到二十五法郎以上。

同舱的刁士衡对我说，他燕大的同学戴维清已把蛰存的《鸠摩罗什》译成英文，预备到美国去发表。

一九三二年十月二十日

船在下午八时抵槟榔（Penang）。上岸后，与同舱人雇一汽车先在大街上巡游，继乃赴中国庙，沿途棕林高耸，热带之星灿然，风景绝佳，至则庙门已闭，且无灯火，听泉声蛙鸣，废然而返。至春满楼，乃下车。春满楼也，槟城之大世界也。吾侪购票入，有土戏，有广东戏，并亦有京戏。我侪巡绕一周并饮桔子水少许后，即出门，绕大街，游新公市（所谓新公市者，赌场而已），市水果，步行返舟。每人所费者仅七法郎。

一九三二年十月二十一日

睡时船已开，盖在今晨六时启碇者也。
译了点 Ayala，余时闲坐闲谈而已。

一九三二年十月二十二日

寂寞得要哭出来，整天发呆而已。

一九三二年十月二十三日

Nostalgie, nostalgie!

一九三二年十月二十四日

上午译了一点儿 Ayala。下午船中报告，云有飓风将至，将窗户都关上了，闷得要命。实际上却一点儿风浪都没有。睡得很早，因为明天一早就要到 Colombo 了。

一九三二年十月二十五日

吃过早饭后，船已进 Colombo 的港口。去验了护照，匆匆地把给绛年和家里的信写好了，然后上岸去。因为船是泊在港中而不靠岸，而公司的船又已开了，乃以五法郎雇汽船到岸上去。在岸上遇到了同船的诸人，和他们同雇了汽车在 Colombo 各地巡游，到的地方有维多利亚公园，佛教庙（庙中神像雕得很好，惜已欧化了，我们进去的时候须脱鞋），Zoo，Mtsetm，无非走马看花而已。回来时寄三信，已不及到船上吃饭，就在埠头上一家 Restaurant 中吃了。饭后在大街中走了一会儿，独自去喝啤酒。回船休息了一会儿，又到岸上去闲逛，独吃了一个椰子浆，走了一圈，才回船。船在九时开。

一九三二年十月二十六一三十日

五天以来没有什么可记的，度着寂寞的时光罢了。印度洋上本来是多风浪的，这次却十分平静，正像航行在内河中一样。海上除大海一望无际外，什么也看不见，只偶然有几点飞鱼和像飞鱼似的海燕绕着船飞翔而已。

一九三二年十月三十一日

昨夜肚疼，今晨已愈，以后饮食当要小心。

下午四时船中有跑马会，掷升官图一类的玩艺儿而已。

晚饭后，看眉月，看繁星，看银河。写信给绛年，蛰存，家。

明天可以到 Djibouti 了。

在船中理发。

一九三二年十一月一日

上午十一时到吉布堤。船并不靠码头。我们吃了中饭后，乘小船（每人二 franc）登岸。从码头走到邮政局，寄了信，即在路上闲走。吉布堤是我们沿路见到的最坏的地方。天气热极，房屋都好像已坍败，路上积着泥，除了跟住我们不肯走的土人外，简直见不到人。我们到土人住的地方去走了一走，被臭气熏了回来，那里脏极了，人兽杂处，而土人满不在乎。有一土人说要领我们去看黑女裸舞，因路远未去，即返舟。

下午四时，船即启碇。

夜间九时船中有跳舞会，我很累，未去。

一九三二年十一月二日

天气很热，不敢做事，整天在甲板上。

一九三二年十一月三日

晚上船中开化装舞会，我也去参加，觉得很无兴趣，只舞了一次，很早就回来睡了。

一九三二年十一月四日

下午船上有抽签得彩之戏，去看看而已。

一九三二年十一月五日

七时抵 Suez，船并不靠岸，上岸去的人简直可以说一个也没有。有许多小贩来卖土货,还有照照片的。我买了一顶土耳其帽,就戴了这帽子照了一张照片。

船在二时许赴 Port Said,在 Juez 运河中徐徐航行,两岸漠漠黄沙,弥望无限。上午所写的给绛年,家的信,是在船中发的。

一九三二年十一月六日

上午五时许醒来,船已到 Port Said 了。七时起身吃了点心就乘小汽船上岸(13franc),因为船还是不靠岸。

波塞是一个小地方,但却很热闹,我们上岸后就在大街上东走西看,觉得这地方除了春画可以公开卖和人口混乱外,毫无一点特点。我们在街上足足走了三小时。在书店中买了一册 Vn 回来。吃了中饭后到甲板上去看小贩售物,买了两包埃及烟。

船在四时三刻启碇入地中海。

天气突然凉起来,大家都换夹衣了。

一九三二年十一月七日

今日微有风浪,下午想译 Ayala,因头晕未果。

睡得很早。

一九三二年十一月八日

依然整天没有事做。晚饭后拟好了电报稿,准备到巴黎时发。

林泉居日记[1]

七月二十九日　晴

　　丽娟又给了我一个快乐：我今天又收到了她的一封信。她告诉我她收到我送她的生日蛋糕很高兴，朵朵也很快乐，一起点蜡烛吃蛋糕。我想象中看到了这一幕，而我也感到快乐了。信上其余的事，我大概已从陈松那儿知道了。

　　今天徐迟请他的朋友，来了许多人，把头都闹胀了。自然，什么事也没有做成。上午又向秋原预支了百元。是秋原垫出来的。

三十日　晴

　　上午龙龙来读法文。下午出去替丽娟买了一件衣料，价八元七角，预备放在衣箱中寄给她。又买了一本英文字典、五支笔，也是给丽娟的。又买了两部西班牙文法，价六元，是预备给胡好读西班牙文用的。不知会不会偷鸡不着蚀把米？到报馆里去的时候，就把书送了给胡好，并约定自下月开始读。

　　晚间写信给丽娟，劝她搬到前楼去，不知她肯听否？明天可以领薪水，可以把她八月份的钱汇出，只是汇费高得可怕，前几天已对水拍谈过，叫他设法去免费汇吧。

　　药吃了也没有多大好处。我知道我的病源是什么。如果

---

[1]　这是戴望舒1941年7—9月的日记，标题为编者所加。

丽娟回来了，我会立刻健康的。

三十一日　下午　雨

今天是月底，上午到报馆去领薪水，出来后便到兑换店换了六百元国币。五百元是给丽娟八月份用，一百元是还瑛姊的。中午水拍来吃饭，便把五百元交给他，因为他汇可以不出汇费。但是他对我说，现在行员汇款是有限制的，是否能汇出五百元还不知道，但也许可以托同事的名义去汇，现在去试试看，如果不能全汇，则把余数交给我。

今天是报馆上海人聚餐的日子，约好先到九龙城一个尼庵去游泳，然后到侯王庙对面去吃饭。午饭后就带了游泳具到报馆去，等人齐了一同去。可是天忽然大雨起来，下个不停，于是决定不去游泳了。五时雨霁，便会同出发，渡海到九龙，乘车赴侯王庙，可是一下公共汽车，天又下雨了。没有法子，只好冒雨走到侯王庙，弄得浑身都湿了。菜还不错，吃完已八时许，雨也停了。出来到深水埔吃雪糕，然后步行到深水埔码头回香港。在等船的时候，灵凤和光宇为了漫画协会的事口角起来，连周新也牵了进去，弄得大家都不开心。正宇和我为他们解劝。到了香港后，又和光宇弟兄和灵凤等四人在一家小店里饮冰，总算把一场误会说明白了。返家即睡。

八月一日　晴

早上报上看见香港政府冻结华人资金，并禁止汇款，看了急得不得了。不知丽娟的钱可以汇得出否？急急跑到水拍处去问,可是他却不在,再跑到上海银行去问,停止汇款是否事实,上海汇款通否?银行却说暂时不收。这使我急得像热锅上的蚂蚁,真不知道怎样才好。回来想想,这种办法大概是行不通的,上海有多少人是靠着香港的汇款的,过几天一定有改变的办法出来。心也就放了下来。

下午到中华百货公司买了一套玩具,是一套小型的咖啡具,价三元九角五,预备装在箱中寄到上海去。她看见也许会高兴吧。她要我买点好东西给她玩,而我这穷爸爸却买了这点不值钱的东西(一套小火车要六十余元!),想了也感伤起来了。

昨夜又梦见了丽娟一次。不知什么道理,她总是穿着染血的新娘衣的。这是我的血,丽娟,把这件衣服脱下来吧!

八月二日　晴　晚间　雨

早晨又到中国银行去找袁水拍。他说:一般的个人汇款,现在可以汇了,可是数目很小,每月一千五百元国币,商业汇款还不汇,我交给他的五百元还没有汇出,大概至多汇出一部分。再过一两月给我回音。托人家办事,只好听人家说,催也没用。出来后到上海银行,再去问一问汇款的事。行中人说的话和水拍一样,可是汇费却高得惊人,每国币百元须汇费港币四元九角,即合国币三十余元。还只是平汇,这样说来,五百元的汇费就须一百五十一元,电汇就须一百八十元了,这如何是好!接着就叫旅行社到家中取箱子,可是他们却回答我说,现在箱子已不收了。这是什么道理呢?我说,你们大概弄错了吧,前几星期我也来问过,你们说可以寄的。他们却回答说，从前是可以的，现在却不收了。真是糟糕，什么都碰鼻子，闷然而返。

下午到邮局时收了丽娟的一封信，使我比较高兴了一点。信中附着一张照片，就是我在陈松那里看到过的那张，我居然也得到一张了！从报馆出来后，就去中华百货公司起了一个漂亮的镜框，放在案头。现在，我床头，墙上，五斗橱上，案头，都有了丽娟和朵朵的照片了。我在照片的包围之中度过想象的幸福生活。幸福吗？我真不知道这是幸福还是苦痛！

一件事忘记了，从中国银行出来后，我到秋原处去转了转，因为他昨天叫徐迟带条子来叫我去一次，说有事和我谈。事情是这样的：天主堂需要一个临时的改稿子的人，略有报酬，他便介绍了我。我自然答应了下来，多点收入也好。事情说完了之后……就走了出来。

三日　雨

上午到天主堂去找师神父，从他那儿取了两部要改的稿子来。报酬是以字数计的，但不知如何算法，也不好意思问。晚间写信给丽娟，告诉她汇款的困难问题，以及箱子不能寄，关于汇款，我向她提出了一个办法，就是叫她每两月到香港来取款一次。但我想她一定不愿意，她一定以为我想骗她到香港来。

四日　晴

陆志庠对我说想吃酒，便约他今晚到家里来对酌。这几天，我感到难堪的苦闷，也可以借酒来排遣一下。下午六时买了酒和罐头食品回来，陆志庠已在家等着了。接着就喝将起来。两人差不多把一大瓶五加皮喝完，他醉了，由徐迟送他回去。我仍旧很清醒，但却止不住自己的感情，大哭了一场，把一件衬衫也揩湿了。陈松阿四以为我真醉了，这倒也好，否则倒不好意思。

徐迟从水拍那里带了三百元来还我，说没有法子汇，其余的二百元呢，他无论如何给我汇出。这三百元如何办呢？到上海银行去，我身边的钱不够汇费。没有办法的时候，到十一二号领到稿费时电汇吧，汇费纵然大也只得硬着头皮汇了！

今天下午二时许，许地山突然去世了。他的身体是一向很好的，我前几天也还在路上碰到他，真是想不到！听说是心脏病，连医生也来不及请。这样死倒也好，比我活着受人世最大的苦好得多了。我那包小小的药还静静地藏着，恐怕总有那一天吧。

八月五日　晴

上午又写了一封信给丽娟，又把六七两月的日记寄了给她。我本来是想留着在几年之后才给她看的，但是想想这也许能帮助她使她更了解我一点，所以就寄了给她，不知她看了作何感想。两个月的生活思想等等，大致都记在那儿了，我是什么也不瞒她的，我为什么不使她知道我每日的生活呢？

中午许地山大殓，到他家里去吊唁了一次。大家都显着悲哀的神情，也为之不欢。世界上的人真奇怪，都以为死是可悲的，却不知生也许更为可悲。我从死里出来，我现在生着，唯有我对于这两者能作一个比较。

六日　晴

前些日子，胡好交了一本稿子给我，要我给他改。这是一个名叫白虹的舞女写的，写她如何出来当舞女的事。我不感兴趣，也没有工夫改，因此搁下来了。后来徐迟拿去看，说很好，又去给水拍看，也说好。今天他们二人联名写了一封信，要我交给胡好，转给那舞女，想找她谈谈。这真是怪事了。但我知道他们并不是对女人发生兴趣，他们是想知道她的生活，目的是为了写文章。我把信交给胡好，胡好说，那舞女已到重庆去了。这可使徐迟他们要失望了吧。

好几天没有收到丽娟的信了。又苦苦地想起她来，今夜又要失眠了。

七日　晴

昨天龙龙来读法文的时候对我说，她父亲说，大夏大学决定搬到香港来（一部分），要请我教国文。所以今天吃过饭之后，我便去找周尚，问问他到底如何情形。他说，大夏在香港先只开一班，大学一年级，没有法文，所以要请我教国文。可是薪水也不多，是按钟点计算的，每小时二元，每星期五小时，这就是说每月只有四十元，而且还要改卷子。这样看来，这个事情也没有什么好，我是否接受还不能一定，等将来再看吧。

今天阴历是闰六月十五,后天是丽娟再度生日,应该再打一个电报去祝贺她。

八日 晴

吃中饭的时候,徐迟带了一个袁水拍的条子来,说二百元还不能汇,但是他在上海有一点存款,可以划二百元给丽娟,他一面已写信给他在上海的朋友,一面叫我写信告诉丽娟。我收到条子后,就立刻写信给丽娟,告诉她取款的办法。

饭后去寄信的时候,使我意外高兴的,是收到了一封丽娟的信,告诉我她已搬到了中一村,朵朵生病,时彦生活改变,又叫我买二张马票。真是使人不安。朵朵到了上海后常常生病,而她在香港时却是十分康健的。我想还是让朵朵住到香港来好吧。时彦也很使我担忧。穆家的希望是寄在他身上,而现在他却像丽娟所说的"要变第二个时英了"!这十年之中,穆家这个好好的家庭会变成这个样子,真是使人意想不到的。财产上的窘急倒还是小事,名誉上的损失却更巨大。后一代的人,几乎没有一个例外,都过着向下的生活,先是时英时杰,现在是丽娟时彦,这难道是命运吗?岳母在世发神经时所说"鬼寻着"的话,也许不是无因的……关于时彦,我想一方面是环境的不好,另一方面丽娟的事也是使他受了刺激的。在上海的时候,我就看见他为了丽娟的事而失眠。他想想一切都弄得这样了,好好做人的勇气自然也失去了。

但愿时彦和丽娟两个人都回头吧!他们是穆家唯一有点

希望的人!

现在已二时,今天恐怕又要睡不好了。

九日 晴

早上九点钟光景,徐迟来叫醒了我说陈松昨夜失窃了!她把一共五十元光景的钱分放在两个皮匣里,藏在抽斗中,可是忘记把抽斗锁上了。偷儿从窗中爬进来,把这钱取了去。时候一定是在半夜四时许,因为我在三时还没有睡着。后来沈仲章上来说,贼的确是四点钟光景来的。他听见狗叫声,马师奶也听见狗叫声而起来,看见一个人影子闪过。奇怪的是贼胆子竟如此大,奇怪的是徐迟夫妇会睡得这样熟,奇怪的是我住到这里那样长又没有失窃过,而陈松来了不久就被窃了。这也是命运吧。陈松很懊丧,因为她所有的钱都在那里了。徐迟去报了差馆。差馆派了人来问了一下。可是这钱是没有找回来的希望了。

今天打了一个贺电给丽娟,贺她今年再度的生日。

晚间马师奶请吃夜饭,有散缪尔等人。马师奶说,巴尔富约我们明天到他家里去吃茶。我又有好久没有看见他了,可是实在怕走那条山路。

十日 晴

今天是星期日,上午到报馆里去办了公,下午便空出来了。吃过午饭之后,我提议到浅水湾去游泳,因为陈松自从失了钱以来,整天愁着,这样可以忘掉。于是大家决意先到浅水湾,然后到巴尔富家去吃点心。决定了便立即动身到油麻地坐公共汽车去。在公共汽车上遇到了许多人，乔木、夏衍等等，他们也是去游泳的，便一起出发。浅水湾的水还是很脏，水面上满是树枝和树叶，可是我们仍然在那里玩了长久，因为熟人多的原故，连时光的过去也不觉得了。出水后已五时许，坐了一下后，即动身到巴尔富家去。

在走上山坡的时候，我忽然想起丽娟和朵朵来，去年或是前年的有一天下午，我们一同踏着这条路走上去过，其情景正像现在的徐迟夫妇和徐律一样。但是这幸福的时候离开我已那么远那么远了！在走上这山坡的时候，丽娟，你知道我是带着怎样的惆怅想着你啊！到了山顶的时候，巴尔富和马师奶已等了我们长久了，于是围坐下来饮茶吃点心，并随便闲谈，一直谈到天快晚的时候才下山来。下山来却坐不到公共汽车，每辆车子都是客满，没办法了，只好拔脚走，一直走到快到香港仔的时候，才拦到了一辆巴士，坐着回来。匆匆吃了夜饭就上床，因为实在疲倦极了。

十一日　晴

上午到报馆去领稿费，出来随即把丽娟的三百元交上海银行汇出去，恐怕她又等得很急了吧。汇费是十七元七角四分港币，真是太大了，上次汇五百元的时候，我觉得十七元余的汇费已太大，不料这次汇三百元都要十七元余。如果再加，如何能负担呢？

银行里出来后，又到跑马会去买了三张马票，两张是要寄给丽娟的，一张留着给自己。希望中奖吧！

上午屠金曾对我说，上海同人今天下午到丽池去游泳，叫我也去，所以下午也到报馆去，可是光宇、灵凤等又不想去了。屠氏兄弟周新等以为他们失信，心中不太高兴，便仍旧拉着我去。在丽池游了三小时光景，我觉得已比从前游得进步一点了。在那里吃了点心回来。

十二日　晴

上午写信给丽娟，并把两张马票附寄给她。在信中，我把我收到她的信的那一天的思想告诉了她。……这个天真的人，我希望她一生都在天真之中！我要永远偏护她，不让她沾了恶名。她不了解我也好，我总照着我自己做，我深信是唯一能爱她而了解她，唯一为她的幸福打算的人，等她年纪再大一点的时候，等她从迷梦中清醒过来的时候，她总有一天会知道我的。

身边还余五十余元，交了三十五元给阿四，叫她明天把丽娟去沪时的当赎出来。

十三日　晴

早上阿四把丽娟所典质的东西取了回来，一个翡翠佩针，一个美金和朵朵的一个戒指。见物思人，我又坠入梦想中了。这两个我一生最宝爱的人，我什么时候能够再看见她们啊！在想到无可奈何的时候，我的心总感到像被抓一样地收紧起来。想她们而不能看见她们，拥她们在怀里，这是多么痛苦的事啊！我总得设法到上海去看她们一次，就是冒什么大的危险也是甘愿的！现在还有什么东西使我害怕呢？死亡也经过了，比死更难受的生活也天天过着。我一定得设法去看她们。

晚间到文化协会去讲小说研究，因为是七点半开始的，所以没有吃饭，九时许回家的时候，袁水拍在这里，便和他以及徐迟夫妇到大公司去，他们吃茶我吃饭，回来不久就睡。

十四日　晴

徐迟这人真莫名其妙，对陈松一会儿好，一会儿坏，对朋友也是这样。现在，他自己觉得是前进了，脾气也越来越古怪了。我看到他一张纸，写着说，以后要只和"朋友"来往，即日设法搬到朋友附近去住。所谓"朋友"是指那些所谓"前进"的人，即夏衍，郁风，乔木，水拍等。如果他要搬，我也决不留他，反正他们住在这里我也便宜不了多少。他们管饭以来，菜总是不够吃的。丽娟，你什么时候能够回来啊！

饭间复陆侃如夫妇和吴晓铃的信，又把他们在《俗文学》的稿费寄给他们。

十五日　晴

上午到邮政局去，出于意外地，收到了丽娟在本月七日所发的信。我以前写信请她搬到前楼去，她回信却说宁可省一点钱，将就住在亭子间里。其实这点钱何必省呢？也许因住得不好而生病，反而多花钱。再说，我已答应多的房钱由我来出的。她说她身体不好，轻了六磅，这也是使我不安心的，我真希望她能回到香港来，让我可以好好地服侍她，为她调理。她劝我不要到上海去，看看照片也是一样。唉，哪里能够一样！信上有一句话使我很以为惊喜，即就是她说"也许我过了几天已在香港也说不定"。也许真会有这样的事吧！于是我想到她没有入口证，上海也不能领，就是要来也来不成的，于是在抽斗里找出了她的两张照片，饭后去讨了领证纸，填好了又去找胡好作保，然后送到旅行社请他们去代领。这次是领的两年的，七元，这样可以用得时间长一点。旅行社说现在领证颇多困难，能否领得犹未可知。出来的时候，颇有点担心，可是总不至于会有什么大困难吧。

出了旅行社又回报馆去，因为今天是十五，是报馆上海同人茶叙的日子。今天约在丽池，既可以饮茶，又可以游泳。发好稿子后，便和他们一同出发去。游泳的仅有周新屠金曾糜文焕和我四人，其余的都坐着吃茶点看看。在那里玩了三时光景，然后回家来。今日领薪。

十六日　晴

昨天收到了丽娟那封信，高兴了一整天，今天也还是高兴着。丽娟到底是一个有一颗那么好的心的人。在她的信上，她是那么体贴我，她处处都为我着想，谁说她不是爱着我呢？一切都是我自己不好，都是我以前没有充分地爱她——或不如说没有把我对于她的爱充分地表示出来。也许她的一切行为都是对我的试验，试验我是否真爱她，而当她认为我的确是如我向她表示的那样，她就会回来了（但是我所表示的只是小小的一部分罢了，我对于她感情深到怎样一种程度，是怎样也不能完全表示的）。正像她是注定应该幸福的一样。我的将来也一定是幸福的,我只要耐心一点等着就是了。这样,我为什么常常要想起那种暗黑的思想呢?这样,在我毁灭自己的时候,我不是犯了大错误吗?我为什么要藏着那包药?这样一想,我对于那包药感到了恐怖,好像它会跳进我口中来似的,我好像我会在糊涂时吞下它去似的。这样,我立刻把这包小小的东西投在便桶中,把它消灭了,好像消灭了一个要陷害我的人一样。而这样心理十分舒泰起来。是的,我将是幸福的,我只要等着就是了。

心里虽则高兴,却又想起丽娟在上海一定很寂寞。我怎样能解她的寂寞呢?叫别人去陪她玩,总要看别人的高兴。周黎庵处我已写了好几封信去,瑛姊、陈慧华等处也曾写了信去,不知她们会不会常常去找找她,以解她的寂寞呢?咳,只要我能在上海就好了。

十七日 晴

晚间写信复丽娟,并把赎当等事告诉她。她来信要我写信给周黎庵,要他教书,所以我又写了一封信给黎庵。不过报酬如何算呢?我们已麻烦他的太多了,这次不能再去花他许多时间。可是信上也不能如何说,还是让丽娟自己去探听他一声吧。

我平常总是五点钟回家后就工作着的,每逢星期六、日,徐迟夫妇要出去的时候,我总感到一种无名的寂寞之感。今天又是星期日,可是吃完晚饭,天忽然下起雨来。这样,徐迟夫妇不出去了,我也能安心地工作写信了。

今天去付了房租。又把母亲的六十元封好了,准备明天去寄。

　　下午遇见正宇，说翁瑞吾要回上海去。现在忽然想起，给丽娟的衣料等物何不请他带去？他可以交给孙大雨，由丽娟去拿。明日去找他，托托他吧。

十八日　晴

　　下午带了一包要带到上海去的东西去找翁瑞吾，可是他已经出去了。便把东西留在那儿，并托正宇太太对瑞吾说一声。我想他总答应带的吧。好在东西不多，占不了多少地方。

　　晚间马师奶请她的三个女学生吃饭，叫沈仲章何迅和我三人做陪客。一个是姓何的，名叫 geitunde，两个姓余的，是姊妹，一叫 maguatt，一忘掉。三个人话很多，说个不停，一直说到十一点光景才走。姓何的约我们大家在下下星期日到赤柱去钓鱼野宴并游水，她在赤柱有一个游泳棚，可以消磨一整天。

十九日　晴

　　一吃完中饭就去找翁瑞吾，他正在午睡。醒来后，他对我说，他明天就要去上海了，东西可以代为带去，这使我放了一个心。我请他把东西放在大雨家里，让丽娟去拿。然后道谢而出，回家写信告诉丽娟。

　　从报馆回来的时候，在邮局中取到一封丽娟的信。那是八月十一日发的，还没有收到我的钱，可是却收到了我的日记。我之寄日记把她看，是为了她可以更充分一点地了解我，不想她反而对我生气了。早知如此，我何必让她看呢？她说她的寂寞我是从来也没有想到过，这其实是不然的。我现在哪一天不想到她，哪一个时辰不想到她。倒是她没有想到我是如何寂寞，如何悲哀。我所去的地方都是因为有事情去的，我哪里有心思玩。就是存心去解解闷也反而更引起想她。而她却不想到我。

她来信说周黎庵已经在教她读书了。这很好。我前天刚写出了给黎庵的信，不知现在报酬如何算法？丽娟信上说，书已上了几天，但她已吃不消了。她是不大有长性的，希望她这次能好好地读吧。

二十日　晴

今天是文化协会上课的日子，我还一点也没有预先预备，一直等下午报馆回来后才临时预备了一下。上课的时候，居然给我敷衍了两小时。上完了课，已九时半，肚子饿得要命，一个人到加拿大去吃了一顿西餐，一瓶啤酒。吃过饭坐三号A，一直坐到摩星岭下车，然后一个人慢慢地踱回家来。这孤独的散步不但不能给我一点乐趣，反而使我格外苦痛。没有月亮的黑黝黝的天，使我想起了那可怕的梦，想起了许多可怕的事。我想到梁蕙在西贡给日本人杀害了（这是我第一次想起她），想到我睡在墓穴里，想到丽娟穿着染血的嫁衣。……一直到回家后才心定一点。

二十一日　晴

从报馆回来的时候，又收到了一封丽娟的信，告诉我电汇的三百元已收到了，但是水拍划的那二百元却没有提起，我想不久总会收到的吧。

她说她也赞成一月来港取钱一次的办法，但是她却很害怕旅行。她说她也许今年年底或明年年初能到香港来一次。这是多么可喜的消息啊！丽娟，我是多么盼望你到香港来。我哪里会强留你住？虽则我是多么愿意永远和你在一起，但是如果这是你所不愿意，我是一定顺你的意去做的。……这一点你难道到现在也还不明白啊？

她叫我把箱子在八月底九月初带到上海去，可是陶亢德沈仲章现在都不走，托谁带去好呢？小东西倒还可以能转辗托人，这样大的箱子别人哪里肯带呢？

二十二日　晴

下午中国旅行社打电话来，说丽娟的二年入口证已领到了，便即去拿来。

这几天真忙极了，除了天主教的耶稣传，《星座》上的长篇外，还要赶天主堂托我改的稿子，弄得一点空儿也没有，连丽娟的信也没有回，真是要命。今天的日记也只得寥寥几行了。

二十三日　雨

下午灵凤找我吃茶，拿出新总编辑给他的信来给我看。那是一封解职的信，叫他编到本月底，就不必编下去了。陈沧波来时灵凤是最起劲招待的，而且又有潘公展给他在陈沧波面前打招呼的信，想不到竟会拿他来开刀。他要我到胡好那儿去讲，我答应了，立刻就去，可是胡好不在。于是约好明天早晨和光宇一起再去找他。

今天徐迟在漫协开留声机片音乐会，并有朗诵诗。我本来就不想去，刚好马师奶来请吃夜饭，便下楼去了。客人是勃脱兰和山缪儿。谈至十一时，上楼改译稿。睡已二时。

二十四日　阴

叶灵凤昨天约我今天早晨到他家里，会同了光宇一同到报馆里去找胡好，所以我今天很早就起来，谁知到了灵凤家里，灵凤还没有起身，等他以及光宇都起来一起到报馆的时候，已经快十一点钟了。我和光宇先去找胡好。胡好在那里，说到灵凤的事的时候，胡好说陈沧波说灵凤懒，而且常常弄错，所以调他。但是胡好说，他并不是要开除他，只是调编别一栏而已。这是陈沧波和胡好不同之处。这里等到一个答复后，便去告诉灵凤，他也安心了。可是陈沧波的这种行为，却激起了馆中同事的公愤。他的目的，无非是要用私人而已。恐怕他自己也不会长久了吧。

下午很早就回来，发现抽斗被人翻过了。原来是陈松翻的。我问她找什么，她不说，只是叫我走开，让她翻过了再告诉我，我便让她去翻，因为除了梁蕙的那三封信以外，可以算作秘密的东西就没有了。我当时忽然想到，也许她收到了丽娟的信，在查那一包药吧。可是这包药早已在好几天之前丢在便桶里了。等她查完了而一无所获的时候，我盘问了她许久她才说出来，果然是奉命搜查那包药的。我对她说已经丢了，不知道她相信否？她好像是丽娟派来的监督人，好在我事无不可对人言，也没有什么对不起人的地方，随便她怎样去对丽娟说是了。

晚间灵凤请吃饭，没有几样菜，人倒请了十二个，像抢野羹饭似地吃了一顿回来。又赶校天主堂的稿子。

二十五日　雨

午饭后把校好的稿子送到天主堂去，可是出于意外地，只收到了十元的报酬，而我却是花了五个晚上工夫，真是太不值得了。下次一定不干了。

报馆里回来的时候，陈松对我说，想请我教法文。我真不知道她读了法文有什么用处，可是我也不便把这意思说出来。丽娟曾劝我要把脾气改得和气一点，所以我虽则已没有什么时间了，却终于硬着头皮答应下来，而且即日起教她。龙龙每星期要白花我三小时光景，而现在她又每天要白花我半小时，这样下去，我的时间要给人白花完了！陈松相当地笨，发音老教不好，丽娟要比她聪明得多呢。

二十六日　雨

今天感到十分地疲劳，头又胀痛得很，晚饭后写信给丽娟，并把入口证寄给她。现在，我感到剧烈的头痛，连日记也不想多写了。

二十七日　晴

今天头痛已好了一点，但是仍感疲倦。大约是这几天工作的时间太多了吧。为此之故，我上午一点事也没有做，可以得到一点休息。但是实际上这一点点的休息又有什么用呢?

徐迟回来午饭的时候带了一封秋原的信来,附着一张法文的合同。这是全增嘏的一个律师朋友托译的,说愿意出一点报酬。我想赚一点外快也好,在夜饭后就试着译。可是这东西不容易译,花了许多时间只译了一点点,而头却又痛起来,就决计不去译它,请徐迟带还秋原去。

收到大雨的信,要我代寄一封信给重庆任泰,可是信是分三封寄来的,要等三封齐了之后才可以代他寄出去。

今天又到文化协会去讲了一小时许诗歌。

二十八日　晴

中饭菜不够吃,我饭吃得很少,到报馆办公完毕,肚子饿得厉害,便一个人到美利坚去吃点心,快吃完的时候,报馆的同事贾纳夫跑到我座位上来,原来他在我后面,我起先没有看见。他便和我闲谈起叶灵凤的事来。后来,他忽然对我说,他最近有一个朋友经过香港回上海去,是丽娟的朋友,在我这次到上海去时和我见过,这次本来想来找我,可是因为时间匆促,所以没有来。这真奇怪极了!我在上海除了极熟的朋友外,简直就一个人也没有遇到过。更奇怪的是贾纳夫说这些话时候的态度,吞吞吐吐地好像有什么秘密在里面似的,好像带着一点嘲笑口吻似的。我立刻疑心到,这人也许就是姓×的那个家伙吧。他到内地去鬼混了一次,口称是为了她去吃苦谋自立,可是终于女人包厌了,趣味也没有了,以为家里可以原谅他仍旧给他钱用,便又回到上海去。我猜这一定是他,又不知他在贾纳夫面前夸了什么口,怎样污辱了她的名誉。我便立刻问贾纳夫这人叫什么名字,他又吞吞吐吐了半天,才说是姓梁叫月什么的(显然是临时造出来的)。我说我不认识这个人,也没有见过这个人。他强笑着说,也许你忘记了。这样说着,推说报馆里还有事,他就匆匆地走了。

这真使我生气!……我真不相信这人会真真爱过什么人。这种丑恶习惯中养成的人,这种连读书也读不好的人,这种不习上进单靠祖宗吃饭的人,他有资格爱任何女人吗?他会有诚意爱任何女人吗?他自己所招认的事就是一个明证。他可以对一个女人说,我从前过着荒唐的生活,但是那是因为我没有碰到一个爱我而我又爱她的女人,现在呢,我已找到我灵魂的寄托,我做人也要完全改变了。有经验的女人自然不会相信这种鬼话,但是老实的女人都会受了他的欺骗,心里想:这真是一个多情的人,他一切的荒唐生活都是可以原谅的,第一,因为他没有遇到一个真心爱他的人,其次,他是要改悔成为一个好人,真心地永远地爱着我,而和我过着幸福的生活了。真是多么傻的女人!她不知道这类似的话已对别的女人不知说过多少遍了!如果他那一天吃茶出来碰到的是另一个傻女人,他也就对那另一个傻女人说了!女人真是脆弱易欺的。几句温柔的话,一点虚爱的表示,一点陪买东西的耐心,几套小戏法,几元请客送礼的钱,几句对于容貌服饰的赞词,一套自我牺牲与别人不了解等的老套,一篇忏悔词,如此而已。而老实的女人就心鼓胀起来了,以为被人真心地爱着而真心地去爱他了。这一切,这就叫爱吗？这是对于"爱"这一个字的侮辱。如果这样是叫做爱，我宁可说我没有爱过。

二十九日　晴

下午到报馆去的时候，屠金曾对我说，陈沧波已带了一个编"中国与世界"栏的人来，又不要灵凤发稿了。我以为灵凤的事已结束了，谁知道还是有花样。问题是如此：要看灵凤自己意思如何，如果他可以放弃这一栏而编其他栏，那么就让开，反正胡好已答应不停他的职。如果他决定要编"中国与世界"栏呢，我们也可以硬做。于是便和馆中上海人一齐到中华阁仔去谈论这事。灵凤的主见没有一定，又想仍编这一栏，又怕闹起来位置不保。于是决定今天由他自己再和胡好去相商一次然后再作计较。

饮茶出来，在邮局中收到了丽娟十九日写的信，说水拍划的二百元已收到了。她这封信好像是在发脾气的时候写的。我不知道她为什么又生气，难道我前次信上说让朵朵到香港来，她听了不高兴了吗？她也是很爱朵朵的，她不知道朵朵在港身体可以好一点，读书问题也可以解决了吗？

三十日　晴

小丁来吃中饭。他刚从仰光回来不久，所以我约他再来吃夜饭谈谈。我叫阿四买一只鸡，又买牛肉，徐迟买酒及点心，他自己也带一样菜来。这样一凑，菜酒就不错了。他七时就来，先吃茶点，然后饮酒吃饭，谈谈说说，讲讲笑话，也是乐事，所可惜者，丽娟不在耳。饭后余兴未尽，由小丁请我们到大公司饮冰，十二时许始返。

三十一日　晴

早上睡得正好，沈仲章来唤醒了我。原来今天是何姑娘约定到赤柱去钓鱼的日子，我却早已忘记了。匆匆洗脸早餐毕，马师奶何迅已等了长久了。便一起出发到何家去。何家相当富丽堂皇，原来她是何东的侄女。到了那里，她也等了长久了。余家姊妹不在，说是直接到赤柱了，却另加了赵氏姊妹二人，都是何的表姊。一行七人到码头乘公共汽车去赤柱，何虽则已带了大批食物，沿途又还买了水果等物。到了赤柱，就到她家的游水棚，不久玛格莱特·何也来了，可是她姊姊却没有来。于是除了仲章和马师奶外，大家都下去游水。在这些人之中，我是游得最坏，而且海边石子太多，把我的脚也割破了，浸了一会儿，就独自上岸来和马师奶闲谈。等他们上来，就一同冷餐。冷餐甚丰。饭后躺在榻上小睡一会儿，又下海去游了一下，这时她们坐着小船去叫钓鱼船，叫来后，大家一齐上船。唯有何、余和何迅三人不坐船，跟着船游出去，游了一里多路。船到海中停下来，吃了点心然后钓鱼。钓鱼不用竿子，只用一根线，以虾为饵。起初我钓不着，后来却接连钓到了三条，仲章钓到了一条河豚鱼，因为有毒，弄死了丢下水去。差不多大家都钓到，一共有二十几条，各种各类都有，可惜都不大。其间我曾跳到水中去游了几分钟。那地方水深五十余尺，可是他们都是游水好手，又有船去，所以我敢跳下去，可是一跳下去就怕起来，所以不久就上来了。马师奶也跳下去的，我以为她是不会游的，哪知她游得很好。八时许才回到游水棚，天已黑了。我因为报馆要聚餐，所以不在棚中晚饭，独自先行，可是脱了九点一刻的公共汽车，而且也赶不及聚餐了（在九龙桂园），只好再回游水棚去吃饭。饭后在沙滩上星光下闲谈，余小姐老提出傻问题来问我，如写诗灵感哪里来的之类。乘末班车归，即睡。整天虚度了！

九月一日　晴

馆中遇屠金曾，说昨日叙餐未到者，除我外尚有光宇兄弟二人，大众决议，要双倍罚款。

馆中出来在邮局收到丽娟八月二十五日写的信。告诉我朵朵病已好了，胖了点，她自己也重了三磅，这使我多么高兴而安慰。她告诉我国文已不再读了，只读英文。这真太没长性了。读英文没有什么大用处，黎庵也不见得教得好，还是仍旧读国文的好。她的国文程度，从写信上看来，已有了一点进步，写字也写得好一点，有了这样的根基，再用一点功一定会大有进步的。读英文她却很少有希望，根底实在太差了。要能够看看普通的书并说几句，恐非三五年不行，她那里会有这样的耐心呢？

二日　晴

上午写信复丽娟，并问她认不认识贾纳夫所说的那个姓梁的人。看她如何回答我吧。到邮局去寄信的时候，看见有人在用挂号信封保险寄钱到上海，便问局中人是否可寄。局中人说香港可以，上海方面不很清楚。便又去问柳存仁，存仁说,听说上海限一千五百元,到底如何不大清楚,至多退回来,不会收没的。这样,我决计将这月的钱用挂号寄去了,可以省许多汇费,明天向报馆去预支薪水吧。(昨夜梦丽娟)

三日　晴

上午从报馆中借了六十元薪金,预备凑起现在所有的一起寄给丽娟,房金用稿费付。这样就没有问题了。

下午收到了蛰存的信。他很关心我的事。他只听得我和丽娟有裂痕的话,以为她现在得到了遗产,迷恋上海繁华(如果他知道真情,他不知要作何感想呢?)。他劝我早点叫她回来,或索性放弃了。别人都这样劝我,他也如此。……我也不是不明白这种道理,但是我却爱她,我知道她在世界上是孤苦零丁,没有一个真心对她的人。对于我,对于她这两方面说,我不能让她离开我;再说,还有我们的朵朵呢?说起朵朵,我又想到了她的教育问题。今天午饭的时候,徐迟陈松商量把徐律送到圣司提反幼稚园去,我想到朵朵在上海过寂寞的生活,不能受教育,觉得很感伤……

晚饭后去文化协会讲诗歌,回来后和沈仲章陈松出去吃宵夜。

四日　晴

上午去换了六百元国币,合港币一百〇二元。回来写信给她(即穆丽娟——编者),告诉她钱明天寄出。我又向她提议,请她最好能回香港来。如果她能来,我当每月至少给她百元零用。其实，如果她能回来，我有什么不愿意给她呢？我有什么事不愿为她做呢？又收黎庵信，云或将即来香港。

张君干约我下午去游泳，便和他一同到丽池去。在那里游泳，谈心并在海里划船。出来已八时许，他请我在新世界吃饭，又请我到皇后看电影，返已十二时许。

五日　晴

上午写信给丽娟，告诉她六百元分二封保险信寄，叫她收到与否均打电报给我。可是下午到邮局去寄的时候，出乎我意外的，邮局说国币不收了，说是刚从昨天起收到上海邮局的通知才这样办的。我很懊丧，但也庆幸着，因为这金钱如果昨天寄了，丽娟是一定收不到了。就在邮局中把上午写的信上加了几句，说钱改明天寄出，寄港币百元，因为港币是可以寄的。当即将钱又换港币。

晚饭后去访亢德和林甋庐。在他们那儿坐了一时光景。亢德说月底光景回上海去，我就说想托他带箱子，可是他不大愿意，我也就不说下去了。甋庐送了我一部《战地钟声》。回来后又写信给丽娟，告诉她寄港币百元，这几天在报馆中听到上海将被封锁的消息，便在信上告诉了她，劝她早点来港，以免受难。

六日　晴

一早就去寄保险信，谁知今天是公共假期，寄不出，明天又是星期日，只得等到星期一。丽娟收到这笔钱，一定将在二十号左右了,奈何!

下午复了蛰存的信,请他多写文稿来。关于丽娟的事,我对他说我不愿多说(因为他问我详情如何),以及我相信她会回来的。

陈松法文进步了不少,只是读音读不好,照这样学下去四个月可以说法文了。龙龙甚懒,教了从不读,我也不太高兴教她了。

七日 晴

报馆出来后,在拔佳门口看看皮鞋,因为我的白皮鞋已有点破,而且也将不能穿了,先看一看,将来可以买,不意陈福愉正买了皮鞋出来,便拉我去他所住的思豪酒店去闲谈。他已进了星岛,所谈无非星岛的事。出来即乘车返,可是在车上遇到灵凤一家老小,他们是到大公司去饮冰的,邀我同去,便跟着他们一同去,饮冰后即返家工作。

八日 晴

一早就到邮政局把丽娟八月份的港币一百元保险寄出,心里舒服了不少,可是她收到一定要在二十号光景了。她一定要着急好几天了。为什么要让她着急呢,想着想着,我又不安起来了。以后还是多花一点汇费电汇给她吧。

从报馆里回来的时候,在邮箱里收到丽娟的九月一日发的信。她告诉我带去的衣料已收到,可惜今年已不能穿了。她说那件衣料她很喜欢。只要她能喜欢,我心里就高兴了。她叫我买两件呢衣料,当时我就到各衣料店陈列窗去看,可是因为香港天气还热，秋天的衣料还没有陈列出来，只得空手回来。回来时徐迟夫妇已去吃马国亮双胞胎的满月酒去了，想到丽娟信上叫我吃得好一点，趁他们出去吃饭，便吩咐阿四杀了一只鸡，一个人大吃一顿。说来也可笑，这算是听丽娟的话吧。

九日　晴

上午复了丽娟的信。报馆回来之后，忽然想起，我为什么不自己出版一点书赚钱呢？我有许多存稿可以出版，例如《苏联文学史话》，例如《西班牙抗战谣曲选》都是可以卖钱的，为什么不自己来出版呢？至少，稿费是赚得出来的，或再退一步说，印刷成本总不会蚀去的。所麻烦的只是发行问题。于是吃过夜饭后，便去找盛舜商量。他现在做大众生活社的经理，发行是有办法的。他一口答应给我发行，而且说一千本是毫无问题的，便很高兴地回来。现在，问题是在一笔印刷费。可是这也不成问题，星马可以欠账印。从明天起，我该把文学史话的稿子加以整理了。

十日　晴

今天从早晨九时起，一直到晚间二时止，整天地把《苏联文学史话》用原文校译着，只有在下午到报馆里去了一次。

报馆里出来的时候，我去配了一副眼镜，因为原来的一副已不够深，而且太小了。一共是九元，付了五元定洋，后天就可以取了。

十一日 晴

上午仍旧校读《史话》，校到下午三时，校毕。到报馆去的时候，就把稿子交给印刷部排。现在，这部稿子还缺两个附录。找到时再补排就是了。

我的还有一部可卖钱的稿子《西班牙抗战谣曲选》是在刘火子那里。可是他的微光出版部现在既已不办，我便可以向他索回来了。当时我曾支过版税国币一百元，合到港币也无几，将来可以还他的。问题是在于他现在肯不肯先把稿子还我。工毕之后，我便打电话约他到中华阁仔饮茶，和他商量这件事。他居然说可以，而且答应后天把稿子还给我。

我的旅伴
——西班牙旅行记之一

从法国入西班牙境,海道除外,通常总取两条道路:一条是经东北的蒲港(Port-Bou),一条是经西北的伊隆(Irún)。从里昂出发,比较是经由蒲港的那条路近一点,可是,因为可以经过法国第四大城鲍尔陀(Bordeaux),可以穿过"平静而美丽"的伐斯各尼亚(Vasconia),可以到蒲尔哥斯(Burgos)去瞻览世界闻名的大伽蓝,可以到伐略道里兹(Válladolid)去寻访赛尔房德思(Cervantes)的故居,可以在"绅士的"阿维拉(Avila)小作勾留,我便舍近而求远,取了从伊隆入西班牙境的那条路程。

一九三四年八月二十二日下午五时,带着简单的行囊,我到了里昂的贝拉式车站。择定了车厢,安放好了行李,坐定了位子之后,开车的时候便很近了。送行的只有友人罗大刚一人,颇有点冷清清的气象,可是久居异乡,随遇而安,离开这一个国土而到那一个国土,也就像迁一家旅舍一样,并不使我起什么怅惘之思,何况在我前面还有一个在我梦想中已变成那样神秘的西班牙在等待着我。因此,旅客们的喧骚声,开车的哨子声,汽笛声,车轮徐徐的转动声,大刚的清爽的 Bon voyage 声,在我听来便好像是一阕快乐的前奏曲了。

火车已开出站了,扬起的帽子,挥动的素巾,都已消隐在远处了。我还是凭着车窗望着，惊讶着自己又在这永远伴着我的旅途上了。车窗外的风景转着圈子，展开去，像是一轴无尽的山水手卷：苍茫的云树，青翠的牧场，起伏的山峦，绵亘的耕地，这些都在我眼前飘忽过去，但并没有引起我的注意。我的心神是在更远的地方。这样地，一个小站，两个小站过去了，而我却还在窗前伫立着，出着神，一直到一个奇怪的声音把我从梦想中拉出来。

一个奇怪的声音在我的车厢中响着，好像是婴孩的啼声，又好像是妇女的哭声。它从我的脚边发出来；接着，又有什么东西踏在我脚上。我惊奇地回头过去：四张微笑着的脸儿。我向我的脚边望去：一只黄色的小狗。于是我离开了窗口，茫然地在座位上坐了下去。

"这使你惊奇吗，先生？"坐在我旁边的一位中年人说，接着便像一个很熟的朋友似的溜溜地对我说起来："我们在河沿上鸟铺前经过，于是这个小东西就使我女人看了中意了。女人的怪癖！你说它可爱吗，这只小狗？我呢，我还是喜欢猫。哦，猫！它只有两个礼拜呢，这小东西。我们还为它买了牛奶。"他向坐在他旁边的妻子看了一眼。"你说，先生，这可不是自讨麻烦吗？——嘟嘟，别那么乱嚷乱跑！——它可弄脏了你的鞋子吗，先生？"

"没有，先生，"我说，"倒是很好玩的呢，这只小狗。"

"可不是吗？我说人人见了它会欢喜的，"我隔座的女人说，"而且人们会觉得不寂寞一点。"

是的，不寂寞。这头小小的生物用它的尖锐的唤声充满了这在辘辘的车轮声中摇荡着的小小的车厢，像利刃一般的刺到我耳中。

这时,这一对夫妇忙着照顾他们新买来的小狗,给它预备牛奶,我们刚才开始的对话,便因而中止了。趁着这个机会,我便去观察一下我的旅伴们。

坐在我旁边的中年人大约有三十五六岁,蓄着一撮小胡子,胖胖的脸儿发着红光,好像刚喝过了酒,额上有几条皱纹,眼睛却炯炯有光,像一个少年人。灰色条纹的裤子。上衣因为车厢中闷热已脱去了,露出了白色短袖的Lacoste式丝衬衫。从他的音调中,可以听出他是马赛人或都隆一带的人。他的言语服饰举止,都显露出他是一个小rentier,一个十足的法国小资产阶级者。坐在他右手边他的妻子,看上去有三十岁光景。棕色的头发染成了金黄色,栗色的大眼睛,上了黑膏的睫毛,敷着发黄色胭脂的颊儿,染成红色的指甲,葵黄色的衫子,鳄鱼皮的鞋子。在年轻的时候,她一定曾经美丽过,所以就是现在已经发胖起来,衰老下去,她还没有忘记她爱装饰的老习惯。依然还保持着她往日的是她的腿胫,在栗色的丝袜下,它们描着圆润的轮廓。

坐在我对面的胖子有四十多岁,脸儿很红润,胡须剃得光光的,满面笑容。他在把上衣脱去了,使劲地用一份报纸当扇子挥摇着。在他的脚边,放着一瓶酒,只剩了大半瓶,大约在上车后已喝过了。他头上的搁篮上,又是两瓶酒。我想他之所以能够这样白白胖胖欣然自得,大概就是这种葡萄酒的作用。从他的神气看来,我猜想是开铺子的(后来知道他是做酒生意的)。薄薄的嘴唇证明他是一个好说话的人,可是自从我离开窗口以后,我还没有听到他说过话。大约还没有到时候。恐怕一开口就不会停。

坐在这位胖先生旁边,缩在一隅,好像想避开别人的注意而反引起别人的注意似的,是一个不算难看的二十来岁的女人。穿着黑色的衣衫,老在那儿发呆,好像流过眼泪的有点红肿的眼睛,老是望着一个地方。她也没有带什么行李,大约只作一个短程的旅行,不久就要下车的。

在我把我的同车厢中的人观察了一遍之后,那位有点发胖的太太已经把她的小狗喂过了牛乳,抱在膝上了。

"你瞧它多乖!"她向那现在已不呜呜地叫唤的小狗望了一眼,好像对自己又好像对别人说。

"呃,这是'新地'种,"坐在我对面的胖先生开始发言了,"你别瞧它现在那么安静,以后它脾气就会坏的,变得很凶。你们将来瞧着吧,在十六七个月之后。呃,你们住在乡下吗?我的意思是说,你们住在巡警之力所不及的僻静的地方吗?"

"为什么?"两夫妇同声说。

"为什么?为什么?为了这种'新地'种,是看家的好狗。难道你们不知道吗?它会很快地长大起来,长得高高的,它的耳朵,也渐渐地会拖得更长,垂下去。它会变得很凶猛。在夜里,你们把它放在门口,你们便可以敞开了大门高枕无忧地睡觉。"

"啊!"那妇人喊了一声,把那只小狗一下放在她丈夫的膝上。

"为什么,太太?"那胖子说,"能够高枕无忧,这还不好吗？而且'新地'种是很不错的。"

"我不要这个。我们住在城里很热闹的街上，我们用不到一只守夜狗。我所要的是一只好玩的小狗，一只可以在出去散步时随手牵着的小狗，一只会使人感到不大寂寞一点的小狗。"

那女人回答，接着就去埋怨她的丈夫了："你为什么会这样糊涂！我不是已对你说过好多次了吗，我要买一只小狗玩玩？"

"我知道什么呢？"那丈夫像一个牺牲者似的回答，"这都是你自己不好，也不问一问伙计，而且那时离开车的时间又很近了。是你自己指定了买的，我只不过付钱罢了。"接着对那胖先生说，"我根本就不喜欢狗。对于狗这一门，我是完全外行。我还是喜欢猫。关于猫，我还懂得一点，暹罗种，昂高拉种；狗呢，我一点也不在行。有什么办法呢！"他耸了一耸肩，不说下去了。

"啊，太太，我懂了。你所要的是那种小种狗。"那胖先生说，接着他更卖弄出他的关于狗种的渊博的知识来：

"可是小种狗也有许多种，Dandie-dinmont, King Charles, Skye-terrier, Pékinois, loulou, Biehon de malt, Japonais, Bouledogue, teerier anglais àpoils durs, 以及其他等等，说也说不清楚。你所要的是哪一种样子的呢？像用刀切出来的方方正正的那种小狗呢，还是长长的毛一直披到地上又遮住了脸儿的那一种？"

"不是，是那种头很大，脸上起皱，身体很胖的有点儿像小猪的那种。以前我们街上有一家人家就养了这样一只，一副蠢劲儿，怪好玩的。"

"啊啊！那叫 Bouledogue，有小种的，也有大种的。我个人不大喜欢它，正就因为它那副蠢劲儿。我个人倒喜欢 King Charles 或是 Japonais。"说到这里，他转过脸来对我说："呃，先生，你是日本人吗？"

"不，"我说，"中国人。"

"啊！"他接下去说，"其实 Pékinois 也不错，我的妹夫就养着一条。这种狗是出产在你们国里的，是吗？"

我含糊地答应了他一声，怕他再和我说下去，便拿出了小提箱中的高谛艾（Th. Gautier）的《西班牙旅行记》来翻看。

可是那位胖先生倒并没有说下去，却拿起了放在脚边的酒瓶倾瓶来喝。同时，在那一对夫妻之间，便你一句我一句地争论起来了。

快九点钟了。我到餐车中去吃饭。在吃得醺醺然地回来的时候，车厢中只剩了胖先生一个人在那儿吃夹肉面包喝葡萄酒。买狗的夫妇和黑衣的少妇都已下车去了。我问胖先生是到哪里去的。他回答我是鲍尔陀。我们于是商量定，关上了车厢的门，放下窗幔，熄了灯，各占一张长椅而卧，免得上车来的人占据了我们的座位，使我们不得安睡。商量既定，我们便都挺直了身子躺在长椅上。不到十几分钟，我便听到胖先生呼呼的鼾声了。

鲍尔托一日
——西班牙旅行记之二

清晨五点钟。受着对座客人的"早安"的敬礼,我在辘辘的车声中醒来了。这位胖先生是先我而醒的,一只手拿着酒瓶,另一只手拿着一块饼干,大约已把我当做一个奇怪的动物似的注视了好久了。

"鲍尔陀快到了吧?"我问。

"一小时之后就到了。您昨夜睡得好吗?"

"多谢,在火车中睡觉是再舒适也没有了。它摇着你,摇着你,使人们好像在摇篮中似的。"说着我便向车窗口望出去。风景已改变了。现在已不是起伏的山峦,广阔的牧场,苍翠的树林了,在我眼前展开着的是一望无际的葡萄已经成熟了,我仿佛看见了暗绿色的葡萄叶,攀在支柱上的藤蔓,和发着宝石的光彩的葡萄。

"你瞧见这些葡萄田吗?"那胖先生说,接着,也不管我听与不听,他又像昨天谈狗经似的对我谈起酒经来了,"你要晓得,我们鲍尔陀是法国著名产葡萄酒的地方,说起'鲍尔陀酒',世界上是没有一处人不知道的。这是我们法国的命脉,也是我的命脉。这也有两个意义:第一,正如你所见到的一样,我是一天也不能离开葡萄酒的;"他喝了一口酒,放下了瓶子接下去说,"第二呢,我是做酒生意的,我在鲍尔陀开着一个小小的酒庄。葡萄酒双倍地维持着我的生活,所以也难怪我对于酒发着颂词了。喝啤酒的人会有一个混浊而阴险的头脑，像德国人一样；喝烧酒（Liqueur）的人会变成一种中酒精毒的疯狂的人；而喝了葡萄酒的人却永远是爽直的、喜乐的、满足的，最大的毛病是多说话而已，但多说话并不是一件缺德的事。……"

"鲍尔陀葡萄酒的种类很多吧？"我趁空罅进去问了一句。

"这真是说也说不清呢。一般说来，是红酒白酒，在稍为在行一点的人却以葡萄的产地来分，如'美道克'（Médoc），'海岸'（Cōtcs），'沙滩'（Graves），'沙田'（Palus），'梭代尔纳'（Sauternes）等等。这是大致的分法，但每一种也因酒的品质和制造者的不同而分了许多种类，'美道克'葡萄酒有'拉斐特堡'（Chateau-Lafite），'拉都堡'（Chateau-Latour），'莱奥维尔'（Léoville）等类；'海岸'有'圣爱米略奈'（St. Emilionais），'李布尔奈'（Libournais），'弗龙沙代'（Fronsadais）等类；'沙田'葡萄酒和'沙滩'酒品质比较差一点，但也不乏名酒；享受到世界名誉的是'梭代尔纳'的白酒，那里的产酒区如鲍麦（Bommes），巴尔沙克（Barsac），泊莱涅克（Preignac），法尔格（Fargues）等，都出好酒，特别以'伊甘堡'（Chateau-Yquem）为最著名。因为他们对于葡萄酒的品质十分注意，就是采葡萄制酒的时候，至少也分三次采，每次都只采成熟了的葡萄……而且每一个制造者都有着他们世袭的秘法，就是我们也无从知晓。总之，"在说了这一番关于鲍尔陀酒的类别之后，他下着这样的结论，"如果你到了鲍尔陀之后,我第一要奉劝的便是请你去尝一尝鲍尔陀的好酒,这才可以说不枉到过鲍尔陀。……"

"对不起,"一半也是害怕他再滔滔不绝地说下去,我站起身来说,"我得去洗一个脸呢,我们回头谈吧。"

回到车厢中的时候,火车离鲍尔陀已只有十几分钟的路程了。胖先生在车厢外的走廊上笑眯眯地望着车窗外的葡萄田,好像在那些累累的葡萄上看到了他自己的满溢的生命一样。我也不去打搅他,整理好行囊,便依着车窗闲望了。

这时在我的心头起伏着的是一种莫名其妙的不安。这种不安是读了高谛艾的《西班牙旅行记》而引起的,对到鲍尔陀站时,高谛艾这样写着他的印象:

> 下车来的时候,你就受到一大群的侍役的攻击,他们分配着你的行李,合起二十个人来扛一双靴子:这还一点也不算稀奇;最奇怪的是那些由客栈老板埋伏着截拦旅客的牢什子。这一批混蛋逼着嗓子闹得天翻地覆地倾泻出一大串颂词和咒骂来:一个人抓住你的胳膊,另一个人攀住你的腿,这个人拉住你的衣服的后襟,那个人拉住你的大氅的钮子:"先生,到囊特旅馆里去吧,那里好极啦!"——"先生不要到那里去,那是一个臭虫的旅馆,臭虫旅馆这才是它的真正的店号。"那对敌的客店的代表急忙这样说。——"罗昂旅馆!""法兰西旅馆!"那一大群人跟在你后面嚷着。——"先生,他们是永远也不洗他们的砂锅的,他们用

臭猪油烧菜,他们的房间里漏得像下雨,你会被他们剥削、抢盗、谋杀。"每一个人都设法使你讨厌那些他们对敌的客栈,而这一大批跟班只在你断然踏进了一家旅馆的时候才离开你。那时他们自己之间便口角起来,相互拔出皮锄头来,你骂我强盗,我骂你贼,以及其他类似的咒骂,接着他们又急急忙忙地追另一个猎物。

到了鲍尔陀的圣约翰站,匆匆地和胖先生告了别之后,我便是在这样的心境中下了火车。我下了火车:没有脚伕来抢拿我的小皮箱;我走出了车站:没有旅馆接客来拽我的衣裾。这才使我安心下来,心里想着现在的鲍尔陀的确比一八四〇年的鲍尔陀文明得多了。

我不想立刻找一个旅馆,所以我便提着轻便的小提囊安步当车顺着大路踱过去。这正是上市的时候,买菜的人挟着大篮子在我面前经过,熙熙攘攘,使我连游目骋怀之心也被打散了。一直走过了闹市之后,我的心才渐渐地宽舒起来。高谛艾说:"在鲍尔陀,西班牙的影响便开始显著起来了。差不多全部的市招都是用两种文字写的;在书店里,西班牙文的书至少和法文书一样多。许多人都说着吉诃德爷和古士芝·达尔法拉契的方言……"我开始注意市招:全都是法文的;我望了一望一家书店的橱窗:一本西班牙文的书也没有;我倾听着过路人的谈话:都是道地的法语,只是有点重浊的本地口音而已。这次,我又太相信高谛艾了。

这样地，我不知不觉走到了鲍尔陀最热闹的克格芝梭大街上。咖啡店也开门了，把藤椅一张张地搬到檐前去。我走进一家咖啡店去，遵照同车胖先生的话叫了一杯白葡萄酒，又叫了一杯咖啡，一客夹肉面包。

也许是车中没有睡好，也许是闲走累了，也许是葡萄酒发生了作用，一片懒惰的波浪软软地飘荡着我，使我感到有睡意了。我想：晚间十二点要动身，而我在鲍尔陀又只打算走马看花地玩一下，那么我何不找一个旅馆去睡几小时，就是玩起来的时候也可以精神抖擞一点。

罗兰路。勃拉丹旅馆。在吩咐侍者在正午以前唤醒我之后，我便很快地睡着了。

侍者在十一点半唤醒了我，在洗盥既毕出门去的时候，天已在微微地下雨了。我冒着微雨到圣昂德莱大伽蓝巡礼去，这是英国人所建筑的，还是中世纪的遗物，藏着乔尔丹（Jordaëns）和维洛奈思（Véronèse）等名画家的画。从这里出来后，我到喜剧院广场的鲍尔陀咖啡饭店去丰盛地进了午餐。在把肚子里装满了鲍尔陀的名酒和佳肴之后，正打算继续去览胜的时候，雨却倾盆似的泻下来。一片南方的雨，急骤而短促。我不得不喝着咖啡等了半小时。

出了饭馆之后，在一整个下午之中我总计走马看花地玩了这许多地方：圣母祠、甘龚斯广场、圣米式尔寺、公园、博物馆。关于这些，我并不想多说什么，《蓝皮指南》以及《倍德凯尔》等导游书的作者，已经有更详细的记载了。

使我引为憾事的是没有到圣米式尔寺的地窖里去看一看。那里保藏着一些成为木乃伊的尸体，据高谛艾说："就是诗人们和画家们的想象,也从来没有产生过比这更可怕的噩梦过。"但博物馆中几幅吕班思(Rubens)、房第克(Van Dyck)、鲍谛契里(Botticelli)的画,黄昏中在清静的公园中的散步,也就补偿了这遗憾了。

依旧丰盛地进了晚餐之后,我在大街上信步闲走了两点多钟,然后坐到咖啡馆中去,听听音乐,读读报纸,看看人。这时,我第一次证明了高谛艾没有对我说谎。他说:"使这个城有生气的,是那些娼妓和下流社会的妇人,她们都的确是很漂亮:差不多都生着笔直的鼻子,没有颧骨的颊儿,大大的黑眼睛,爱娇而苍白的鹅蛋形脸儿。"

这样挨到了十一点光景,我回到旅馆里去算了账,便到圣约翰站去乘那在十二点半出发到西班牙边境去的夜车。

在一个边境的站上
——西班牙旅行记之三

夜间十二点半从鲍尔陀开出的急行列车,在侵晨六点钟到了法兰西和西班牙的边境伊隆。在朦胧的意识中,我感到急骤的速率宽弛下来,终于静止了。有人在用法西两国语言报告着:"伊隆,大家下车!"

睁开睡眼向车窗外一看,呈在我眼前的只是一个像法国一切小车站一样的小车站而已。冷清清的月台,两三个似乎还未睡醒的搬运夫,几个态度很舒闲地下车去的旅客。我真不相信我已到了西班牙的边境了,但是一个声音却在更响亮地叫过来:"伊隆,大家下车!"

匆匆下了车,我第一个感到的就是有点寒冷。是侵晓的气冷呢,是新秋的薄寒呢,还是从比雷奈山间夹着雾吹过来的山风?我翻起了大氅的领,提着行囊就望出口走。

走出这小门就是一间大敞间,里面设着一圈行李检查台和几道低木栅,此外就没有什么别的东西。这是法兰西和西班牙的交界点,走过了这个敞间,那便是西班牙了。我把行李照别的旅客一样地放在行李检查台上,便有一个检查员来翻看了一阵,问我有什么报税的东西,接着在我的提箱上用粉笔划了一个字,便打发我走了。再走上去是护照查验处。那是一个像车站上卖票处一样的小窗洞。电灯下面坐着一个留着胡子的中年人。单看他的炯炯有光的眼睛和他手头的那本厚厚的大册子，你就会感到不安了。我把护照递给了他。他翻开来看了看里昂西班牙领事的签字，把护照上的照片看了一下，向我好奇地看了一眼，问了我一声到西班牙的目的，把我的姓名录到那本大册子中去，在护照上捺了印；接着，和我最初的印象相反地，他露出微笑来，把护照交还了我，依然微笑着对我说："西班牙是一个可爱的地方，到了那里你会不想回去呢。"

真的，西班牙是一个可爱的地方，连这个护照查验员也有他的固有的可爱的风味。

这样地，经过了一重木栅，我踏上了西班牙的土地。

过了这一重木栅，便好像一切都改变了：招纸，揭示牌，都用西班牙文写着，那是不用说的，就是刚才在行李检查处和搬运夫用沉浊的法国南部语音开着玩笑的工人型的男子，这时也用清朗的加斯谛略语和一个老妇人交谈起来。天气是显然地起了变化，暗沉沉的天空已澄碧起来，而在云里透出来的太阳，也驱散了刚才的薄寒，而带来了温煦。然而最明显的改变却是在时间上。在下火车的时候，我曾经向站上的时钟望过一眼：六点零一分。检查行李，验护照等事，大概要花去我半小时，那么现在至少是要六点半了吧。并不如此。在西班牙的伊隆站的时钟上，时针明明地标记着五点半。事实是西班牙的时间和法兰西的时间因为经纬度的不同而相差一小时，而当时在我的印象中，却觉得西班牙是永远比法兰西年轻一点。

因为是五点半，所以除了搬运夫和洒扫工役已开始活动外，车站上还是冷清清的。卖票处，行李房，兑换处，书报摊，烟店等等都没有开，旅客也疏朗朗地没有几个。这时，除了枯坐在月台的长椅上或在站上往来蹀蝶以外，你是没有办法消磨时间的。到浦尔哥斯的快车要在八点二十分才开。到伊隆镇上去走一圈呢，带着行李究竟不大方便，而且说不定要走多少路。再说，这样大清早就是跑到镇上也是没有什么多大意思的。因此，把行囊散在长椅上，我便在这个边境的车站上踱起来了。

如果你以为这个国境的城市是一个险要的地方，扼守着重兵，活动着国际间谍，压着国家的、军事的大秘密，那么你就错误了。这只是一个消失在比雷奈山边的西班牙的小镇而已。提着筐子，筐子里盛着鸡鸭，或是肩着箱笼，三三两两地来趁第一班火车的，是头上裹着包头布的山村的老妇人，面色黝黑的农民，白了头发的老匠人，像是学徒的孩子。整个西班牙小镇的灵魂都可以在这些小小的人物身上找到。而这个小小的车站，它也何尝不是十足西班牙底呢？灰色的砖石，黯黑的木柱子，已经有点腐蚀了的洋船遮檐，贴在墙上在风中飘着的斑驳的招纸，停在车站尽头处的铁轨上的破旧的货车：这一切都向你说着西班牙的式微，安命，坚忍。西德（Cid）的西班牙，侗黄（Don Juan）的西班牙，吉诃德（Quixote）的西班牙，大仲马或梅里美心目中的西班牙，现在都已过去了，或者竟可以说本来就没有存在过。

的确，西班牙的存在是多方面的。第一是一切旅行指南和游记中的西班牙，那就是说历史上的和艺术上的西班牙。这个西班牙浓厚地渲染着釉彩，充满了典型人物。在音乐上，绘画上，舞蹈上，文学上，西班牙都在这个面目之下出现于全世界，而做着它的正式代表。一般人对于西班牙的观念，也是由这个代表者而引起的。当人们提起了西班牙的时候，你立刻会想到蒲尔哥斯的大伽蓝，格腊拿达的大食故宫，斗牛，当歌舞（Tango），侗黄式的浪子，吉诃德式的梦想者，塞赖丝谛拿（La Celestin）式的老虔婆，珈尔曼式的吉泊西女子，扇子，披肩巾，罩在高冠上的遮面纱等等，而勉强西班牙人做了你的想象底受难者；而当你到了西班牙而见不到那些开着悠久的岁月的绣花的陈迹，传说中的人物，以及你心目中的西班牙固有产物的时候，你会感到失望而作"去年白雪今安在"之喟叹。然而你要知道这是最表面的西班牙，它的实际的存在是已经在一片迷茫的烟雾之中，而行将只在书史和艺术作品中赓续它的生命了。西班牙的第二个存在是更卑微一点，更穆静一点。那便是风景的西班牙。的确，在整个欧罗巴洲之中，西班牙是风景最胜最多变化的国家。恬静而笼着雾和阴影的伐斯各尼亚，典雅而充溢着光辉的加斯谤拉，雄警而壮阔的昂达鲁西亚，照和而明朗的伐朗西亚，会使人"感到心被窃获了"的清澄的喀达鲁涅。在西班牙，我们几乎可以看到欧洲每一个国家的典型。或则草木葱茏，山川明媚；或则大山，峭壁幽深；或则古堡荒寒，团焦幽独；或则千园澄碧，百里花香……这都是能使你目不暇给，而至于流连忘返的。这是更有实际的生命，具有易解性（除非是村夫俗子）而容易取好于人的西班牙。因为它开拓了你对于自然之美的爱好之心，而使你衷心地生出一种舒徐的、悠长的、寂寥的默想来。然而最真实的，最深沉的，因而最难以受人了解的却是西班牙的第二个存在。这个存在是西班牙的底蕴，它蕴藏着整个西班牙，用一种静默的语言向你说着整个西班牙，代表着它的每日的生活，象征着它的永恒的灵魂。这个西班牙的存在是卑微至于闪避你的注意，静默至于好像绝灭。可是如果你能够留意观察，用你的小心去理解，那么你就可以把握住这个卑微而静默的存在，特别是在那些小城中。这是一个式微的、悲剧的、现实的存在，没有光荣，没有梦想。现在，你在清晨或是午后走进任何一个小城去吧。你在狭窄的小路上，在深深的平静中徘徊着。阳光从静静的闭着门的阳台上坠下来，落着一个砌着碎石的小方场。什么也不来搅扰这寂静；街坊上的叫卖声在远处寂灭了，寺院的钟声已消沉下去了。你穿过小方场，经过一个作坊，一切任何作坊，铁匠底、木匠底或羊毛匠底。你伫立一会儿，看着他们带着那一种的热心，坚忍和爱操作着；你来到一所大屋子前面：半开着的门已朽腐了，门环上满是铁锈，涂着石灰的白墙已经斑驳或生满黑霉了，从门间，你望见了里面被野草和草苔所侵占了的院子。你当然不推门进去；但是在这墙后面，在这门里面，你会感到有苦痛、沉哀或不遂的愿望静静地躺着。你再走上去，街路上依然是沉静的，一个喷泉淙淙地响着，三两只鸽子振羽作声。一个老妇扶着一个女孩佝偻着走过。寺院的钟迟迟地响起来了，又迟迟地消歇了。……这就是最深沉的西班牙，它过着一个寒伧、静默、坚忍而安命的生活，但是它却具有怎样的使人充塞了深深的爱的魅力啊。而这个小小的车站呢，它可不是也将这奥秘的西班牙呈显给我们看了吗？

当我在车站上来往蹀躞着的时候，我心中这样地思想着。在不知不觉之中，车站中已渐渐地有生气起来了。卖票处，兑换处，烟摊，报摊，都已陆续地开了门，从镇上来的旅客们，也开始用他们的嘈杂的语音充满了这个小小的车站了。

我从我的沉思中走了出来，去换了些西班牙钱，到卖票处买了里程车票，出来买了一份昨天的《太阳报》（El Sol），一包烟，然后回到安放着我的手提箱的长椅上去。

长椅上已有人坐着了，一个老妇人和几个孩子。一个，两个，三个，四个……一共是四个孩子。而且最大的一个十二岁的孩子，已经在开始一张一张地撕去那贴在我箱上的各地旅馆的贴纸了。我移开箱子坐了下来。这时候，便有两个在我看来很别致的人物出现了。

那是邮差，军人，和京戏上所见的文官这三种人物的混合体。他们穿着绿色的制服，佩着剑，头面上却戴着像乌纱帽一般的黑色漆布做的帽子。这制服的色彩和灰暗而笼罩着阴阴的尼斯各尼亚的土地以及这个寒伧的小车站显着一种异样的不调和，那是不用说的；而就是在一身之上，在这制服，佩剑，和帽子之间，也表现着绝端的不一致。"这是西班牙固有的驳杂底一部份吧。"我这样想。

七点钟了。开到了一列火车，然而这是到桑当德尔（Santanter）去的。火车开了，车站一时又清冷起来，要等到八点二十分呢。

我静穆地望着铁轨，目光随着那在初阳之下闪着光的两条铁路的线伸展过去，一直到了迷茫的天际；在那里，我的神思便飘举起来了。

西班牙的铁路
——西班牙旅行记之四

> 田野底青色小径上
> 铁的生客就要经过,
> 一只铁腕行将收尽
> 晨曦所播下的禾黍。

这是俄罗斯现代大诗人叶赛宁的诗句。当看见了俄罗斯的恬静的乡村一天天地被铁路所侵略,并被这个"铁的生客"所带来的近代文明所摧毁的时候,这位憧憬着古旧的、青色的俄罗斯,歌咏着猫、鸡、马、牛,以及整个梦境一般美丽的自然界的,俄罗斯的"最后的田园诗人",便不禁发出这绝望的哀歌来,而终于和他的古旧的俄罗斯同归于尽。

和那吹着冰雪的风,飘着忧郁的云的俄罗斯比起来,西班牙的土地是更饶于诗情一点。在那里,一切都邀人入梦,催人怀古:一溪一石,一树一花,山头碉堡,风际牛羊……当你静静地观察着的时候,你的神思便会飞越到一个更迢遥更幽古的地方去,而感到自己走到了一种恍惚一般的状态之中去,走到了那些古诗人的诗境中去。

这种恍惚,这种清丽的或雄伟的诗境,是和近代文明绝缘的。让魏特曼或凡尔哈仑去歌颂机械和近代生活吧,我们呢，我们宁可让自己沉浸在往昔的梦里。你要看一看在"铁的生客"未来到以前的西班牙吗？在《大食故宫余载》（一八三二）中，华盛顿·欧文这样地记着他从塞维拉到格腊拿达途中的风景的一个片断：

　　……见旧堡，遂徘徊于堡中久之。……堡踞小山，山趺瓜低拉河萦绕如带，河身非广，嘶嘶作声，绕堡而逝。山花覆水，红鲜欲滴。绿阴中间出石榴佛手之树，夜莺嘤鸣其间，柔婉动听。去堡不远，有小桥跨河而渡；激流触石，直犯水礁。礁房环以黄石，那当日堡人用以屑面者。渔縢巨网，晒堵黄石之墉；小舟横陈，即隐绿阴之下。村妇衣红衣过桥，倒影入水作绛色，渡过绿漪而没。等流连景光，恨不能画……（据林纾译文）

这是幽蒨的风光，使人流连忘返的；而在乔治·鲍罗的《圣经在西班牙》（一八四三）中，我们又可以看到加斯谛尔平原的雄警壮阔的姿态：

　　这天酷热异常，于是我们便缓缓地在旧加斯谛尔的平原上取道前进。说起西班牙，旷阔和宏壮是总要联想起的：它的山岳是雄伟的，而它的平原也雄伟不少逊；它舒展出去，块圠无垠，但却也并不坦坦荡荡，满目荒芜，像俄罗斯的草原那样。崎岖垅堉的土地触目皆是：这里是寒泉所冲泻成的深涧和幽壑；那里是一个嶙峋而荒蛮的培塿，而在它的顶上，显出了一个寂寥的孤村。欢欣快乐的成分很少，而忧郁的成分却很多。我们偶然可以看见有几个孤独的农夫，在田野间操作——那是没有分界的田野，不知橡树、榆树或槐树为何物；只有悒郁而悲凉的松树，在那里炫耀着它的金字塔一般的形式，而绿草也是找不到的。这些地域中的旅人是谁呢？大部分是驴夫，以及他们的一长列一长列系着单调地响着的铃子的驴子。……

在这样的背景上，你想吧，近代文明会呈显着怎样的丑陋和不调和，而"铁的生客"的出现，又会怎样地破坏了那古旧的山川天地之间相互的默契和熟稔，怎样地破坏了人和自然界之间的融和的氛围气！那爱着古旧的西班牙，带着一种深深的怅惘数说着它的一切往昔的事物的阿索林，在他的那本百读不厌的小书《加斯谛拉》中，把西班牙的历史缩成了三幅动人的画图——十六世纪的、十九世纪的和现代的——现在，我们展开这最后一幅画图来吧：

……那边，在地平线的尽头，那些映现在澄澈的天宇上的山岗，好像已经被一把刀所砍断了。一道深深的挺直的罅隙穿过了它们；从这罅隙间，在地上，两条又长又光亮的平行的铁条穿了出来，节节地越过了整个原野。立刻，在那些山岗的断处，显现出了一个小黑点：它动着，急骤地前进，一边在天上遗留下一长条的烟。它已来到平原上了。现在，我们看见一个奇特的铁车和它的喷出一道浓烟来的烟突，而在它的后面，我们看见了一列开着小窗的黑色的箱子，从那些小窗间，我们可以辨出许多男子的和妇女的脸儿来，每天早晨，这个铁车和它的那些黑色的箱子在远方现出来；它散播着一道道的烟，发着尖锐的啸声，急骤得使人目眩地奔跑着而进城市的一个近郊去……

铁路是在哪一种姿态之下在那古旧的西班牙出现，我们已可以在这幅画图中清楚地看到了。

的确，看见机关车的浓烟染黑了他们的光辉的和朦朦的风景，喧嚣的车声打破了他们的恬静，单调的铁轨毁坏了他们的山川的柔和或刚强的线条，西班牙人是怀着深深的遗憾的。西班牙的一切，从比雷奈山起一直到那伽尔陀思（Galedós）所谓"逐出外国的侵犯"的那种发着辛烈的臭味的煎油为止，都是抵抗着那现代文明的闯入的。所以，那"铁的生客"的出现，比在欧美各国都要迟一点，西班牙最早的几条铁路，从巴塞洛拿（Barcelona）到马达罗（Mataró）那条是在一八四八年建立的，从玛德里到阿朗胡爱斯（Aranjuez）的那条更迟四年，是在一八五一年才筑成。而在建筑铁路之前，又是经过多少的困难和周折啊。

在一八三〇年，西班牙人已知道什么是铁路了。马尔赛里诺·加莱罗（Marcelino Calero）在一八三〇年出版了他的那本在英国印刷的，建筑一个从边境的海雷斯到圣玛丽港的铁路的计划书。在这本计划书后面,还附着一张地图和一幅插绘,是出自"拉蒙·赛沙·德·龚谛手笔"的。插绘上画着一列火车,喷着黑烟,驰行在海滨,而在海上,却航行着一只有着又高又细的烟筒的汽船。这插绘是有点幼稚的,然而它却至少带了一些火车的概念来给当时的西班牙人。加莱罗的这个计划没有实现,那是当然的事,然而在那些喜欢新的事物的人们间,火车便常被提到了。

七年之后,在一八三七年,季崖尔莫·罗佩(Guillermo Lobè)作了一次旅行,从古巴到美国,从美国又到欧洲。而在一八三九年,他在纽约出版了他的那部《在美国,法国和英国的旅行中给我的孩子们的书翰》。罗佩曾在美国和欧洲研究铁路,而在他的信上,铁路是常常讲到的。他希望西班牙全国都布满了铁路,然而他的愿望也没有很快地实现。以后,文人学士的关于铁路的记载渐渐地多起来了。在一八四一年美索奈罗·洛马诺思(Mesonero Romanos)发表了他的《法比旅行回忆记》;次年,莫代思多·拉福安德(Modesto Lauyente)发表了他的《修士海龙第奥的旅行记》第二卷。这两部游记中对于铁路都有详细的叙述,而尤以后者为更精密而有系统。这两位游记的作者都一致地公认火车旅行的诗意(这是我们所难以领略的)。美索奈罗在他的记游文中描写着铁路的诗意底各方面,在白昼的或在黑夜的。而拉福安德也沉醉于车行中所见的光景。他写着,"这是一幅绝世的惊人的画图;而在暗黑的深夜中看起来,那便千倍地格外有趣味,格外有诗意。"

然而,就在这一八四二年的三月十四日,当元老院开会议论开筑一条从邦泊洛拿经巴斯当谷通到法兰西去的普通官路的时候,那元老议员却说:"我的意见是,我们永远无论如何也不应该弄平了比雷奈山;反之,我们应该在原来的比雷奈山上,再加上一重比雷奈山。"多少的西班牙人会同意于这个意见啊!

在一八四四年,西班牙著名的数学家玛里阿诺·伐烈何(Mriano Vallejo)出版了一本题名为《铁路的新建筑》的书。这位数学家是一位折中主义者。他愿望旅行运输的便利,但他也好像不大愿意机关车的黑烟污了西班牙的青天,不大愿意它的尖锐的汽笛声冲破了西班牙的原野的平静。我们的这位伐烈何主张仍旧用牲口去牵车子,只不过那车子是在铁轨上滑行着罢了。可是,这个计划也还是没有被采用。

从一八四五年起,西班牙筑铁路的计划渐次地具体化了。报纸上继续地论着铁路的利益,资本家踊跃地想投资,而一批一批的铁路专家技师,又被从国外聘请来。一八四五年五月三十日,玛德里的《传声报》记载着阿维拉、莱洪、玛德里铁路企业公司的主持者之一华尔麦思来(Sir J. Walmsley)抵京进行开筑铁路的消息;六月二十二日,玛德里的《日报》上载着五位英国技师经过伐拉道里兹,测量从比尔鲍到玛德里的铁路路线的消息;七月三日,《传声报》又公布了筑造法兰西西班牙铁路的计划,并说一个英国工程师的委员会,也已制成了路线的草案并把关于筑路的一切都筹划好了;而在九月十八日的《日报》上,我们又可以看到工程师勃鲁麦尔(Brumell)和西班牙北方皇家铁路公司的一行技师的到来。以后,这一类的消息还是不绝如缕,然而这些计划的实现却还需要许多岁月,还要经过十年,十五年,二十年。一八四八年巴塞洛拿和马达罗之间的铁路,一八五一年玛德里和阿朗胡爱斯之间的铁路,只能算是一种好奇心的满足而已。

从这些看来,我们可以见到这"铁的生客"在西班牙是遇到了多么冷漠的款待,多么顽强的抵抗。那些生野的西班牙人宁可让自己深闭在他们的家园里(真的,西班牙是一个大园林),亲切地,沉默地看着那些熟稔的花开出来又凋谢,看着那些祖先所抚摩过的遗物渐渐地涂上了岁月的色泽;而对于一切不速之客,他们都怀着一种隐隐的憎恨。

现在,在我面前的这条从法兰西西班牙的边境到玛德里去的铁路,是什么时候完成的呢?这个文献我一时找不到。我所知道的是,一直到一八六〇年为止,这条路线还没有完工。一八五九年,阿尔都罗·马尔高阿尔都(Arturo Marcoartú)在他替《一八六〇闰年"伊倍里亚"政治文艺年鉴》所写的那篇关于铁路的文章中,这样地告诉我们:在一八五九年终,北方铁路公司已有六五〇基罗米突的铁路正在筑造中;没有动工的尚有七十三基罗米突。

在我前面,两条平行的铁轨在清晨的太阳下闪着光,一直延伸出去,然后在天涯消隐了。现在,西班牙已不再拒绝这"铁的生客"了。它翻过了西班牙的重重的山峦,驰过了它的广阔的平原,跨过它的潺湲的溪涧,湛湛的江河,披拂着它的晓雾暮霭,掠过它的松树的针,白杨的叶,橙树的花,喷着浓厚的黑烟,发着刺耳的汽笛声,隆隆的车轮声,每日地,在整个西班牙骤急地驰骋着了。沉在梦想中的西班牙人,你们感到有点轻微的怅惘吗,你们感到有点轻微的惋惜吗?

而我,一个东方古国的梦想者,我就要跟着这"铁的生客",怀着进香者一般虔诚的心,到这梦想的国土中来巡礼了。生野的西班牙人,生野的西班牙土地,不要对我有什么顾虑吧。我只不过来谦卑地,小心地,静默地分一点你们的太阳,你们的梦,你们的怅惘和你们的惋惜而已。

记玛德里的书市

无匹的散文家阿索林,曾经在一篇短文中,将法国的书店和西班牙的书店,做了一个比较。他说:

> 在法兰西,差不多一切书店都可以自由地进去,行人可以披览书籍而并不引起书贾的不安;书贾很明白,书籍的爱好者不必常常要购买,而他的走进书店去,也并不目的是为了买书;可是,在翻阅之下,偶然有一部书引起了他的兴趣,他就买了它去。在西班牙呢。那些书店都像神圣的圣体龛子那样严封密闭着,而一个陌生人走进书店里去,摩挲书籍,翻阅一会儿,然后又从来路而去这等的事,那简直是荒诞不经,闻所未闻的。

阿索林对于他本国书店的批评,未免过分严格一点。巴黎的书店也尽有严封密闭着,像右岸大街的一些书店那样,而玛德里的书店之可以进出无人过问翻看随你的,却也不在少数。如果阿索林先生愿意,我是很可以举出这两地的书店的名称来作证的。

公正地说,法国的书贾对于顾客的心理研究得更深切一点。他们知道,常常来翻翻看看的人,临了总会买一两本回去的;如果这次不买,那么也许是因为他对于那本书的作者还陌生，也许他觉得那版本不够好，也许他身边没有带够钱，也许他根本只是到书店来消磨一刻空闲的时间。而对于这些人，最好的办法是不理不睬，由他去翻看一个饱。如果殷勤招待，问长问短，那就反而招致他们的麻烦，因而以后就不敢常常来了。

的确，我们走进一家书店去，并不像那些学期开始时抄好书单的学生一样，先有了成见要买什么书的。我们看看某个或某个作家是不是有新书出版；我们看看那已在报上刊出广告来的某一本书，内容是否和书评符合；我们把某一部书的版本，和我们已有的同一部书的版本做一个比较；或仅仅是我们约了一位朋友在三点钟会面，而现在只是两点半。走进一家书店去，在我们就像别人踏进一家咖啡店一样，其目的并不在喝一杯苦水也。因此我们最怕主人的殷勤。第一，他分散了你的注意力，使你不得不想出话去应付他；其次，他会使你警悟到一种歉意，觉得这样非买一部书不可。这样，你全部的闲情逸致就给他们一扫而尽了。你感到受人注意着，监视着，感到担着一重义务，负着一笔必须偿付的债了。

西班牙的书店之所以受阿索林的责备，其原因就是他们不明顾客的心理。他们大都是过分殷勤讨好。他们的态度是没有恶意的，然而对于顾客所发生的效果，却适得其反。记得一九三四年在玛德里的时候，一天闲着没事，到最大的"爱斯巴沙加尔贝书店"去浏览，一进门就受到殷勤的店员招待，陪着走来走去，问长问短，介绍这部，推荐那部，不但不给一点空闲，连自由也没有了。自然不好意思不买，结果选购了一本廉价的奥尔德加伊加赛德的小书，满身不舒服地辞了出来。自此以后，就不敢再踏进门槛去了。

在"文艺复兴书店"也遇到类似的情形，可是那次却是硬着头皮一本也不买走出来的。而在玛德里我买书最多的地方，却反而是对于主顾并不殷勤招待的圣倍拿陀大街的"迦尔西亚书店"，王子街的"倍尔特朗书店"，特别是"书市"。

"书市"是在农工商部对面的小路沿墙一带。从太阳门出发，经过加雷达思街，沿着阿多恰街走过去，走到南火车站附近，在左面，我们碰到了那农工商部，而在这黑黝黝的建筑的对面小路口，我们就看到了几个黑墨写着的字：La Feria de los Libros，那意思就是"书市"。在往时，据说这传统的书市是在农工商部对面的那一条宽阔的林荫道上的，而我在玛德里的时候，它却的确移到小路上去了。

这传统的书市是在每年的九月下旬开始，十月底结束的。在这些秋高气爽的日子，到书市中去漫步一下，寻寻，翻翻，看看那些古旧的书，褪了色的版画，各色各样的印刷品，大概也可以算是人生的一乐吧。书市的规模并不大，一列木板盖搭的，肮脏，零乱的小屋，一共有十来间。其中也有一两家兼卖古董的，但到底卖书的还是占着极大的多数。而使人更感到可喜的，便是我们可以随便翻看那些书而不必负起任何购买的义务。

新出版的诗文集和小说，是和羊皮或小牛皮封面的古本杂放在一起。当你看见圣女戴蕾沙的《居室》和共产主义诗人阿尔倍谛的诗集对立着，古代法典《七部》和《玛德里卖淫业调查》并排着的时候，你一定会失笑吧。然而那迷人之处,却正存在于这种杂乱和漫不经心之处。把书籍分门别类,排列得整整齐齐,固然能叫人一目了然,但是这种安排却会使人望而却步,因为这样就使人不敢随便抽看,怕捣乱了人家固有的秩序;如果本来就是这样乱七八糟的,我们就百无禁忌了。再说,旧书店的妙处就在其杂乱,杂乱而后见繁复,繁复然后生趣味。如果你能够从这一大堆的混乱之中发现一部正是你踏破铁鞋无觅处的书来,那是怎样大的喜悦啊!

书价低廉是那里的最大的长处。书店要卖七个以至十个贝色达的新书,那里出两三个贝色达就可以携归了。寒斋的阿耶拉全集,阿索林,乌拿莫诺,巴罗哈,瓦和英克朗,米罗等现代作家的小说和散文集,洛尔加,阿尔倍谛,季兰,沙思纳思等当代诗人的诗集,珍贵的小杂志,都是从那里陆续购得的。我现在也还记得那第三间小木舍的被人叫做华尼多大叔的须眉皆白的店主。我记得他,因为他的书籍的丰富,他的态度的和易,特别是因为那个坐在书城中,把青春的新鲜和故纸的古老成着奇特的对比的,张着青色忧悒的大眼睛望着远方的云树的,他的美丽的孙女儿。

我在玛德里的大部分闲暇时间,甚至在革命发生,街头枪声四起,铁骑纵横的时候,也都是在那书市的故纸堆里消磨了的。在傍晚,听着南火车站的汽笛声,踏着疲倦的步子,臂间挟着厚厚的已绝版的赛哈道的《赛房德思辞典》或是薄薄的阿尔多拉季雷的签字本诗集,慢慢地沿着灯光已明的阿多恰大街,越过熙来攘往的太阳门广场,慢慢地踱回寓所去对灯披览,这种乐趣恐怕是很少有人能够领略的吧。

然而十月在不知不觉之中快流尽了。树叶子开始凋零，夹衣在风中也感到微寒了。玛德里的残秋是忧郁的，有几天简直不想闲逛了。公寓生活是有趣的，和同寓的大学生聊聊天，舞姬调调情，就很快地过了几天。接着，有一天你打叠起精神，再踱到书市去，想看看有什么合意的书，或仅仅看看那青色的忧悒的大眼睛。可是，出乎意外地。那些小木屋都已紧闭着门了。小路显得更宽敞一点，更清冷一点，南火车站的汽笛声显得更频繁而清晰一点。而在路上，凋零的残叶夹杂着纸片书页，给冷冷的风寂寞地吹了过来，又寂寞地吹了过去。

巴黎的书摊

在滞留巴黎的时候，在羁旅之情中可以算做我的赏心乐事的有两件：一是看画，二是访书。在索居无聊的下午或傍晚，我总是出去，把我迟迟的时间消磨在各画廊中和河沿上的书摊。关于前者，我想在另一篇短文中说及，这里，我只想来谈一谈访书的情趣。

其实，说是"访书"，还不如说在河沿上走走或在街头巷尾的各旧书铺进出而已。我没有要觅什么奇书孤本的蓄心，再说，现在已不是在两个铜元一本的木匣里翻出一本 Patissier francais 的时候了。我之所以这样做，无非为了自己的癖好，就是摩挲观赏一回空手而返，私心也是很满足的，况且薄暮的赛纳河又是这样地窈窕多姿！

我寄寓的地方是 Rue de L'Echaudé，走到赛纳河边的书摊，只须沿着赛纳路步行约莫三分钟就到了。但是我不大抄这近路，这样走的时候，赛纳路上的那些画廊总会把我的脚步牵住的，再说，我有一个从头看到尾的癖，我宁可兜远路顺着约可伯路、大学路一直走到巴克路，然后从巴克路走到王桥头。

赛纳河左岸的书摊，便是从那里开始的，从那里到加路赛尔桥，可以算是书摊的第一个地带，虽然位置在巴黎的贵族的第七区，却一点也找不出冠盖的气味来。在这一地带的书摊，大约可以分这几类：第一是卖廉价的新书的，大都是各书店出清的底货,价钱的确公道,只是要你会还价,例如旧书铺里要卖到五六百法郎的勒纳尔(J. Renard)的《日记》,在那里你只须花二百法郎光景就可以买到,而且是崭新的。我的加棱所译的赛尔房德里的《模范小说》,整批的《欧罗巴杂志丛书》,便都是从那儿买来的。这一类书在别处也有,只是没有这一带集中吧。其次是卖英文书的,这大概和附近的外交部或奥莱昂东站多少有点关系吧。可是这些英文书的买主却并不多,所以花两三个法郎从那些冷清清的摊子里把一本初版本的《万牲园里的一个人》带回寓所去,这种机会,也是常有的。第三是卖地道的古版书的,十七世纪的白羊皮面书,十八世纪饰花的皮脊书等等,都小心地盛在玻璃的书柜里,上了锁,不能任意地翻看,其他价值较次的古书,则杂乱地在木匣中堆积着。对着这一大堆你挨我挤着的古老的东西,真不知道如何下手。这种书摊前比较热闹一点,买书大多数是中年人或老人。这些书摊上的书,如果书摊主是知道值钱的,你便会被他敲了去,如果他不识货,你便沾了便宜来。我曾经从那一带的一位很精明的书摊老板手里,花了五个法郎买到一本一七六五年初版本的 Du Laurens 的 *Imirce*,至今犹有得意之色:第一因为 *Imirce* 是一部禁书,其次这价钱实在太便宜也。第四类是卖淫书的,这种书摊在这一带上只有一两个,而所谓淫书者,实际也仅仅是表面的,骨子里并没有什么了不得,大都是现代人的东西,与来骗骗人的。记得靠近王桥的第一家书摊就是这一类的,老板娘是一个四五十岁的老婆,当我有一回逗留了一下的时候,她就把我当做好主顾而怂恿我买,使我留下极坏的印象，以后就敬而远之了。其实那些地道的"珍秘"的书，如果你不愿出大价钱，还是要费力气角角落落去寻的，我曾在一家犹太人开的破货店里一大堆废书中，翻到过一本原文的Cleland 的 *Fanny Hill*，只出了一个法郎买回来，真是意想不到的事。

从加路赛尔桥到新桥，可以算是书摊的第二个地带。在这一带，对面的美术学校和钱币局的影响是显著的。在这里，书摊老板是兼卖板画图片的，有时小小的书摊上挂得满目琳琅，原张的蚀雕，从书本上拆下的插图，戏院的招贴，花卉鸟兽人物的彩图，地图、风景片，大大小小各色俱全，反而把书列居次位了。在这些书摊上，我们是难得碰到什么值得一翻的书的，书都破旧不堪，满是灰尘，而且有一大部分是无用的教科书，展览会和画商拍卖的目录。此外，在这一带我们还可以发现两个专卖旧钱币纹章等而不卖书的摊子，夹在书摊中间，作一个很特别的点缀。这些卖画卖钱币的摊子，我总是望望然而去之的，（记得有一天一位法国朋友拉着我在这些钱币摊子前逗留了长久，他看得津津有味，我却委实十分难受，以后到河沿上走，总不愿和别人一道了。）然而在这一带却也有一两个很好的书摊子。一个摊子是一个老年人摆的，并不是他的书特别比别人丰富，却是他为人特别和气，和他交易，成功的回数居多。我有一本高克多（Cocteau）亲笔签字赠给诗人费尔囊·提华尔（Fernand Divoire）的 *Le Grand Ecart*，便是从他那儿以极廉的价钱买来的，而我在加里马尔书店买的高克多亲笔签名赠给诗人法尔格（Fargue）的初版本 *Opéra*，却使我花了七十法郎。但是我相信这是他借给我的,因为书是用蜡纸包封着,他没有拆开来看一看;看见了那献辞的时候,他也许不会这样便宜卖给我。另一个摊子是一个青年人摆的,书的选择颇精,大都是现代作品的初版和善本,所以常常得到我的光顾。我只知道这青年人的名字叫昂德莱,因为他的同行们这样称呼他,人很圆滑,自言和各书店很熟,可以弄得到价廉物美的后门货,如果顾客指定要什么书,他都可以设法。可是我请他弄一部《纪德全集》,他始终没有给我办到。

可以划在第三地带的是从新桥经过圣米式尔场到小桥这一段。这一段是赛纳河左岸书摊中的最繁荣的一段。在这一带,书摊比较都整齐一点,而且方便也多一点,太太们家里没事想到这里来找几本小说消闲,也有;学生们贪便宜想到这里来买教科书参考书,也有;文艺爱好者到这里来寻几本新出版的书,也有;学者们要研究书,藏书家要善本书,猎奇者要珍秘书,都可在这一带获得满意而回。在这一带,书价是要比他处高一些,然而总比到旧书铺里去买便宜。健吾兄觅了长久才在圣米式尔大场的一家旧书店中觅到了一部《龚果尔日记》,花了六百法郎喜欣欣的捧了回去,以为便宜万分,可是在不久之后我就在这一带的一个书摊上发现了同样的一部,而装订却考究得多,索价就只要二百五十法郎,使他悔之不及。可是这种事是可遇而不可求的,跑跑旧书摊的人第一不要抱什么一定的目的,第二要有闲暇有耐心,翻得有劲儿便多翻翻,翻倦了便看看街头熙来攘往的行人,看看旁边赛纳河静静的逝水,否则跑得腿酸汗流,眼花神倦,还是一场没结果回去。话又说远了,还是来说这一带的书摊吧。我说这一带的书较别带为贵，也不是胡说的，例如整套的 *Echanges* 杂志，在第一地带中买只须十五个法郎，这里却一定要二十个，少一个不卖；当时新出版原价是二十四法朗的 Céline 的 *Voyage au bout de la nuit*，在那里买也非十八法郎不可，竟只等于原价的七五折。这些情形有时会令人生气，可是为了要读，也不得不买回去。价格最高的是靠近圣米式尔场的那两个专卖教科书参考书的摊子。学生们为了要用，也不得不硬了头皮去买，总比买新书便宜点。我从来没有做过这些摊子的主顾，反之他们倒做过我的主顾。因为我用不着的参考书，在穷极无聊的时候总是拿去卖给他们的。这里，我要说一句公平话：他们所给的价钱的确比季倍尔书店高一点。这一带专卖近代善本书的摊子只有一个，在过了圣米式尔场不远快到小桥的地方。摊主是一个不大开口的中年人，价钱也不算顶贵，只是他一开口你就莫想还价：就是答应你还也是相差有限的，所以看着他陈列着的《泊鲁思特全集》，插图的《天方夜潭》全译本，Chirico 插图的阿保里奈尔的 *Calligrammes*，也只好眼红而已。在这一带，诗集似乎比别处多一些，名家的诗集花四五个法郎就可以买一册回去，至于较新一点的诗人的集子，你只要到一法郎或甚至五十生丁的木匣里去找就是了。我的那本仅印百册的 Jean Gris 插图的 Reverdy 的《沉睡的古琴集》，超现实主义诗人 Gui Rosey 的《三十年战争集》等等，便都是从这些廉价的木匣子里翻出来的。还有，我忘记说了，这一带还有一两个专卖乐谱的书铺，只是对于此道我是门外汉，从来没有去领教过罢。

从小桥到须里桥那一段，可以算是河沿书摊的第四地带，也就是最后的地带。从这里起，书摊便渐渐地趋于冷落了。在近小桥的一带，你还可以找到一点你所需要的东西，例如有一个摊子就有大批 N. R. F. 和 Grasset 出版的书，可是那位老板娘讨价却实在太狠，定价十五法郎的书总要讨你十二三个法郎，而且又往往要自以为在行，凡是她心目中的现代大作家，如摩里向克，摩洛阿，爱眉（Armé）等，就要敲你一笔竹杠，一点也不肯让价；反之，像拉尔波，茹昂陀，拉第该，阿朗等优秀作家的作品，她倒肯廉价卖给你。从小桥一带再走过去，便每况愈下了。起先是虽然没有什么好书。但总还能维持河沿书摊的尊严的摊子，以后呢，卖破旧不堪的通俗小说杂志的也有了，卖陈旧的教科书和一无用处的废纸的也有了，快到须里桥那一带，竟连卖破铜烂铁，旧摆设，假古董的也有了；而那些摊子的主人呢，他们的样子和那在下面赛纳河岸上喝劣酒，钓鱼或睡午觉的街头巡阅使（Clochard），简直就没有什么大两样。到了这个时候，巴黎左岸书摊的气运已经尽了，你的腿也走乏了，你的眼睛也看倦了，如果你袋中尚有余钱，你便可以到圣日尔曼大街口的小咖啡店里去坐一会儿，喝一杯儿热热的浓浓的咖啡，然后把你沿路的收获打开来，预先摩挲一遍，否则如果你已倾了囊，那么你就走上须理桥去，倚着桥栏，俯看那满载着古愁并饱和着圣母祠的钟声的，赛纳河的悠悠的流水，然后在华灯初上之中，闲步缓缓归去，倒也是一个经济而又有诗情的办法。

　　说到这里，我所说的都是赛纳河左岸的书摊，至于右岸的呢，虽则有从新桥到沙德莱场，从沙德莱场到市政厅附近这两段，可是因为传统的关系，因为所处的地位的关系，也因为货色的关系，它们都没有左岸的重要。只在走完了左岸的书摊尚有余兴的时候或从卢佛尔（Louvre）出来的时候，我才顺便去走走，虽然间有所获，如查拉的 L'homme approximatif 或卢梭（Henri Rousseau）的画集，但这是极其偶然的事；通常，我不是空手而归，便是被那街上的鱼虫花鸟店所吸引了过去。所以，原意去"访书"而结果买了一头红头雀回来，也是有过的事。

香港的旧书市

这里有生意经,也有神话。

香港人对于书的估价,往往是会使外方人吃惊的。明清善本书可以论斤称,而一部极平常的书却会被人视为稀世之珍。一位朋友告诉我,他的亲戚珍藏着一部《中华民国邮政地图》,待价而沽,须港币五千元(合国币四百万元)方肯出让。这等奇闻,恐怕只有在那个小岛上听得到吧。版本自然更谈不到,"明版康熙字典"一类的笑谈,在那里也是家常便饭了。

这样的一个地方,旧书市的性质自然和北平、上海、苏州、杭州、南京等地不同。不但是规模的大小而已,就连收买的方式和售出的对象,也都有很大的差别。那里卖旧书的仅是一些变相的地摊,沿街靠壁钉一两个木板架子,搭一个避风雨的遮棚,如此而已。收书是论斤断秤的,道林纸和报纸印的书每斤出价约港币一二毫,而全张报纸的价钱却反而高一倍;有硬面书皮的洋装书更便宜一点,因为纸板"重秤",中国纸的线装书,出到一毫一斤就是最高的价钱了。他们比较肯出价钱的倒是学校用的教科书,簿记学书,研究养鸡养兔的书等等,因为要这些书的人是非购不可的,所以他们也就肯以高价收入了。其次是医科和工科用书,为的是转运内地可以卖很高的价钱。此外便剩下"杂书",只得卖给那些不大肯出钱的他们所谓"藏家"和"睇家"了。他们最大的主顾是小贩。这并不是说香港小贩最深知读书之"实惠"的人，在他们是无足重轻的。

旧书摊最多的是皇后大道中央戏院附近的楼梯街，现在共有五个摊子。从大道拾级上去，左手第一家是"龄记"，管摊的是一个十余岁的孩子（他父亲则在下面一点公厕旁边摆废纸摊），年纪最小，却懂得许多事。著《相对论》的是爱因斯坦，歌德是德国大文豪，他都头头是道。日寇占领香港后，这摊子收到了大批德日文学书，现在已卖得一本也不剩，又经过了一次失窃，现在已没有什么好东西了。隔壁是"焯记"，摊主是一个老是有礼貌的中年人，专卖中国铅印书，价钱可不便宜，不看也没有什么关系。他对面是"季记"，管摊的是姐妹二人。到底是女人，收书卖书都差点功夫。虽则有时能看顾客的眼色和态度见风使舵，可是索价总嫌"离谱"（粤语不合分寸）一点。从前还有一些四部丛刊零本，现在却单靠卖教科书和字帖了。"季记"隔壁本来还有"江培记"，因为生意不好，已把存货称给鸭巴甸街的"黄沛记"，摊位也顶给卖旧铜烂铁的了。上去一点，在摩罗街口，是"德信书店"，虽号称书店，却仍旧还是一个摊子。主持人是一对少年夫妇，书相当多，可是也相当贵。他以为是好书，就一分钱也不让价，反之，没有被他注意的书，讨价之廉竟会使人不相信。"格吕尼"版的波德莱尔的《恶之花》和韩波的《作品集》，两册只讨港币一元，希米式的《莎士比亚字典》会论斤称给你，这等事在我们看来，差不多有点近乎神话了。"德信书店"隔壁是"华记"。虽则摊号仍是"华记"，老板却已换过了。原来的老板是一家父母兄弟四人，在沦陷期中旧书全盛时代，他们在楼梯街竟拥有两个摊子之多。一个是现在这老地方，一个是在"焯记"隔壁，现在已变成旧衣摊了。因为来路稀少，顾客不多，他们便把滞销的书盘给了现在的管摊人，带着好销一些的书到广州去开店了，听说生意还不错呢。现在的"华记"已不如从前远甚，可是因为地利的关系（因为这是这条街第一个摊子，经荷里活道拿下旧书来卖的，第一先经他的手，好的便宜的，他有选择的优先权），有时还有一点好东西。

在楼梯街，当你走到了"华记"的时候，书市便到了尽头。那时你便向左转，沿着荷里活道走两三百步，于是你便走到鸭巴甸街口。

鸭巴甸街的书摊名声还远不及楼梯街的大，规模也比较小一点，书类也比较新一点。可是那里的书，一般地说来，是比较便宜点。下坡左首第一家是"黄沛记"，摊主是世业旧书的，所以对于木版书的知识，是比其余的丰富得多，可是对于西文书，就十分外行了。在各摊中，这是取价最廉的一个。他抱着薄利多销主义，所以虽在米珠薪桂的时期，虽则有八口之家，他还是每餐可以饮二两双蒸酒。可是近来他的摊子上也没有什么书，只剩下大批无人过问的日文书，和往日收下来的瓷器古董了。"黄沛记"对面是"董莹光"，也是鸭巴甸街的一个老土地。可是人们却称呼他为"大光灯"。大光灯意思就是煤油打气灯。因为战前这个摊子除了卖旧书以外还出租煤油打气灯。那些"大光灯"现在已不存在了，而这雅号却留了下来。"大光灯"的书本来是不贵的，可是近来的索价却大大地"离谱"。据内中人说，因为有几次随便开了大价，居然有人照付了，他卖出味道来，以后就一味地上天讨价了。从"董莹光"走下几步,开在一个店铺中的,是"萧建英"。如果你说他是书摊,他一定会跳起来,因为在楼梯街和鸭巴甸街这两条街上,他是唯一有店铺的——虽则是极其简陋的店铺。管店的是兄弟二人。那做哥哥的人称之为"高佬",因为又高又瘦。他从前是送行情单的,路头很熟,现在也差不多整天不在店,却四面奔走着收书。实际上在做生意的是他的十四五岁的弟弟。虽则还是一个孩子,做生意的本领却比哥哥更好,抓定了一个价钱之后,你就莫想他让一步。所以你想便宜一点,还是和"高佬"相商。因为"高佬"收得勤,书摊是常常有新书的。可是,近几月以来,因为来源涸绝,不得不把店面的一半分租给另一个专卖翻版书的摊子了。

在现在的"萧建英"斜对面,战前还有一家"民生书店",是香港唯一专卖线装古书的书店,而且还代顾客装璜书籍号书根。工作不能算顶好,可是在香港却是独一无二的。不幸在香港沦陷后就关了门,现在,如果在香港想补裱古书,除了送到广州去以外就毫无办法了。

鸭巴甸街的书摊尽于此矣,香港的书市也就到了尽头了。此外,东碎西碎还有几家书摊,如中环街市旁以卖废纸为主的一家,西营盘兼卖教科书的"肥林",跑马地黄泥甬道以租书为主的一家,可是绝少有可买的书,奉劝不必劳驾。再等而下之,那就是禧利街晚间的地道的地摊子了。

悼杜莱塞

美联社十二月二十九日电:七十四岁高龄的美名作家杜莱塞,已于本日患心脏病逝世。

这个简单的电文,带着悲怅,哀悼,给与了全世界爱好自由,民主,进步的人。世界上一位最伟大而且是最勇敢的自由的斗士,已经离开了我们,去作永恒的安息了,然而他的思想,他的行动,却永远存留着,作为我们的先导,我们的典范。

杜莱塞于一八七一年生于美国印第安那州之高地,少时从事新闻事业,而从这条邻近的路,他走上了文学的路。他的文学生活是在一九〇〇年开始的。最初出版的两部长篇小说《加里的周围》和《珍尼·葛拉特》使他立刻闻名于文坛,而且确立了他的新现实主义的倾向。

他以后的著作,就是朝着这个方向走过去的,他抓住了现实,而把这现实无情地摊陈在我们前面。《财政家》如此,《巨人》如此,《天才》也如此,像爱米尔·左拉一样,他完全以旁观者的态度去参加生存的悲剧。天使或是魔鬼,仁善或是刁恶,在他看来都是一样的文献,一样的材料,他冷静地把他们活生生地描画下来,而一点也不参加他自己的一点主观。从这一点上,他是左拉一个大弟子。

他的写实主义不仅仅只是表面的发展,却深深地推到心理上去。他是心理和精神崩溃之研究的专家,而《天才》就是在这一方面的他的杰作。

在《天才》之后，他休息了几年，接着他在一九二五年出版了他的《一个美国的悲剧》。这部书，追踪着雨果和陀斯托也夫斯基，他对于犯罪者作了一个深刻的研究。忠实于他的方法，杜莱塞把书中的主人公格里斐士的犯罪心理从萌芽，长成，发展，像我们拆开一架机器似的，一件件地分析出来。到了这部小说，从艺术方面来说，杜莱塞已达到了它们的顶点了。

然而，杜莱塞真能够清清楚楚地看到美国社会的罪恶，腐败，而无动于衷吗？作为一个真正的艺术家，对于这一切肮脏，黑暗，他会不起正义的感觉而起来和它们战斗吗？他所崇拜的法国大小说家左拉，不是也终于加入到社会主义的集团，从象牙之塔走到十字街头吗？

是的，杜莱塞是一个有正义感的艺术家，他之所以没有立刻成为一个战士，是为了时机还没有成熟。

这时，一个新的世界吸引了他：社会主义的苏联。在一九二八年，他到苏联去旅行。他看见了。他知道了。他看到了和资本主义的腐败相反的进步，他知道了人类憧憬着的理想是终于可以实现。从苏联回来之后，他出版了他的《杜莱塞看苏联》，而对于苏联表示着他的深切的同情。苏联的旅行在他的心头印了一种深刻的印象，因而在他的态度上，也起了一个重要的变化。

从这个时候起，他已不再是一个冷静的旁观者，一个明知道黑暗，腐败，罪恶而漠然无动于衷的人了。新的世界已给了他以启示，指示了他的道路，他已深知道单单观察，并且把他所观察到的写出来是不够，他需要行动，需要用他艺术家的力量去打倒这些黑暗，腐败，和罪恶了。

在一九三〇年，他就公开拥护苏联，公开地反对帝国主义者对苏联的进攻，从那个时候起，苏联已成为他的理想国。他说："我反对和苏联的任何冲突，不论那冲突是从哪方面来的。"在一九三一年，这位伟大的作家更显明了他的革命的岗位。他不仅仅把自己限制于对于时局的反应上，却在行动上参加了劳动阶级的斗争。他组织了一个委员会，去揭发出在资本主义的美国，劳动者们所处的地位是怎样地令人不能忍受。他细心地分析美国，研究美国的官方报告，经济状况，国家的统计，预算，并且亲自去作种种的实际调查。经过了长期的研究，调查，分析，他便写成了一部在美国文学史上空前，在他个人的文艺生活中也是特有伟大的作品：《悲剧的美国》，而把它掷到那自在自满的美国资产者们的脸上去。

杜莱塞的这部新著作，可以说是他的巨著《一个美国的悲剧》的续编。在这部书中，杜莱塞矫正了他的过去，他在一九二五年所写的那部小说是写一个美国中产阶级者的个人的悲剧，在那部书中，杜莱塞还是以为资本主义的大厦是不可动摇的。可是在这部新著中呢，美国资本主义的机构是在一个新的光亮之下显出来了。杜莱塞用着无数的事实和统计数字做武器，用着大艺术家的尖锐和把握做武器，把美国的所谓"民主"的资产阶级和社会法西斯的面具，无情地撕了下来。

这部书出版以后，资本主义的美国的惊惶是不言而喻的了。他受到了各方面的猛烈的攻击，他被一些人视为洪水猛兽，然而，他却得到了更广大的人，奋斗着而进步着的人们的深深的同情，爱护。

从这个时候起，他已成为一个进步的世界的斗士了。他参加美国的革命运动，他为《工人日报》经常不断地撰稿，他亲自推动并担任"保卫政治犯委员会"的主席，他和危害人类的法西斯主义作着生死的战斗。西班牙之受法西斯危害，中国之被日本侵略，他都起来仗义发言，向全世界呼吁起来打倒法西斯主义。

从这一切看来，杜莱塞之走到社会主义的路上去，决不是偶然的事，果然，在他逝世之前不久，他以七十四的高龄加入了美国共产党，据他自己说，他之所以毅然加入共产党，是因为西班牙大画家比加索和法国大诗人阿拉贡之加入法国共产党，而受到了深深的感动，亦是为了深为近年来共产党在全世界反法西斯斗争中的英勇业绩所鼓舞。在他写给美国共产党首领福斯特的信中，他说："对于人类的伟大与尊敬的信心，早已成就了我生活与工作的逻辑，它引导我加入了美国共产党。"然而，我们如果从他的思想行动看来，这是必然的结果，即使他没有加入共产党，他也早已是一个共产党了。

然而在这毅然的举动之后不久，这个伟大的人便离开了我们。杜莱塞逝世了，然而杜莱塞的精神却永存在我们之间。

记诗人许拜维艾尔

二十年前还是默默无闻的许拜维艾尔,现在已渐渐地超过了他的显赫一时的同代人,升到巴尔拿斯的最高峰上了。和高克多(Cocteau),约可伯(Jacob),达达主义者们,超现实主义者们等相反,他的上升是舒徐的,不喧哗的,无中止的,少波折的。他继续地升上去,像一只飞到青空中去的云雀一样,像一只云雀一样地,他渐渐地使大地和太空都应响着他的声音。

现代的诗人多少是诗的理论家,而他们的诗呢,符合这些理论的例子。爱略特(T. S. Eliot)如是,耶芝(W. B. Yeats)如是,马里奈谛(Marinetti)如是,玛牙可夫斯基(Mayakovsky)如是,瓦雷里(Va'léry)亦未尝不如是。他们并不把诗作为他们最后的目的,却自己制就了樊笼,而把自己幽囚起来。许拜维艾尔是那能摆脱这种苦痛的劳役的少数人之一,他不倡理论,不树派别,却用那南美洲大草原的青色所赋予他,大西洋海底珊瑚所赋予他,喧嚣的"沉默",微语的星和驯熟的夜所赋予他的辽远,沉着而熟稔的音调,向生者,死者,大地,宇宙,生物,无生物吟哦。如果我们相信诗人是天生的话,那么他就是其中之一。

一九三五年,当春天还没有抛开了它的风,寒冷和雨的大氅的时候,我又回到了古旧的巴黎。一个机缘呈到了我面前,使我能在踏上归途之前和这位给了我许多新的欢乐的诗人把晤了一次（我得感谢那位把自己一生献给上帝以及诗的 Abbé Duperray）。

诗人是住在处于巴黎的边缘的拉纳大街（Boulevard Lannes）上，在蒲洛涅林（Bois de Boulogne）附近。在一个阴暗的傍晚，我到了那里。在那清静而少人迹的街道上彳亍着找寻诗人之家的时候，我想起了他的诗句：

> 有着岁月前来闻嗅的你的石建筑物，
> 拉纳大街，你在天的中央干什么？
> 你是那么地远离开巴黎的太阳和它的月亮，
> 竟至街灯不知道它应该灭呢还是应该明，
> 竟至那送牛乳的女子自问，
> 那是否真是屋子，凸出着真正的露台，
> 那在她手指边叮当响着的，是牛乳瓶呢还是
世界。

找到了拉纳大街四十七号的时候，天已开始微雨了，我走到一所大厦的门边，我按铃。铃声清晰地在空敞的门轩中响了好一些时候。一个男子慢慢地走了出来。

"诗人许拜维艾尔先生住在这里吗？"我问。

"在二楼，要我领你去吗？"

"不必，我自己上去就是了。"

我在一扇门前站住。第二次，铃声又响了。这次，来给我开门的是一个女仆，她用惊讶的眼睛望着我，好像这诗人之居的恬静，是很少有异国的访客来搅扰的。

"许拜维艾尔在家吗?"我问。

"在家。您有名片吗?"

她接了我的名片,关了门,领我到一间客厅里,然后去通报诗人。我在一张大圈椅上坐下来,开始对于这已经是诗人的一部分的客厅,投了短促的一瞥。古旧的家具,先人的肖像,紫檀的镂花中国屏风,厚厚的地毯:这些都是一个普通的法国人家所应有尽有的,然而一想到这些都是兴感诗人,走进他的生活中去,而做着他的诗的卑微然而重要的元行的时候,这些便都披上了一层异样的光泽了。但是那女仆出来了,她对我说她的主人很愿意见我,虽然他在患牙痛。接着,在开门的声音中,许拜维艾尔已经在门框间现身出来了。

这是一位高大的人,瘦瘦的身体,长长的脸儿,宽阔的前额,和眼睛很接近的浓眉毛,从鼻子的两翼出发下垂到嘴角边的深深的皱槽。虽则已到了五十以上的年龄,但是我们的诗人还显得很年轻,特别是他的那双奕奕有光的眼睛。有许多人是不大感到年岁的重负的,诗人也就是这一类人之一,虽然他不得不在心头时时重整精力,去用他的鲜血给"时间的群马"解渴。

"欢迎你!"这是诗人的第一声,"我们昨天刚听到念你的诗,想不到今天就看到了你。"

当我开始对他说我对于他的景仰,向他道歉我打搅他等等的时候,"不要说这些,"他说,"请到我书房里去坐吧,那里人们感到更不生疏一点。"于是他便开大了门,让我走到隔壁他的书房里去。任何都不能使许拜维艾尔惊奇,我的访问也不。他和一切东西默契着:和星,和树,和海,和石,和海底的鱼,和墓里的死者。就在相遇的一瞬间,许拜维艾尔已和我成为很熟稔的了,好像我们曾在什么地方相识过一样,好像有什么东西曾把我们系在一起过一样。

我在一张沙发上坐下来,舒适地,像在我自己家中一样。而他,在横身在一张长榻上之后,便用他的好像是记忆中的声音开始说话了:"是的,我昨晚才听到念你的诗。它们带来了一个新的愉快给我,我向你忏白,我不能有像你的《答客问》那样澄明静止的心。我闭在我的世界中,我不能忘情于它的一切。"

的确,这"无罪的囚徒"并不是一位出世主义者,虽然他竭力摆脱自己,摆脱自己的心。他所需要的是一个更广大深厚得多的世界,包涵日、月、星辰,太空的无空间限制的世界,混合过去、现在与未来的无时间限制的世界;在那里,没有死者和生者的区别,一切东西都是有生命有灵魂的生物。

"我相信能够了解你,"我说,"如果你能够恕我的僭越的话,我可以向你提起你的那首《一头灰色的中国牛》吗?遥远地处于东西两个极端的生物,是有着它们不同的性格,那是当然的,正如乌拉圭的牛沉醉于 Pampa 的太阳和青空,而中国的牛彳于青青的稻田中一样,但是却有一种就是心灵也难以把握得住的东西,使它们默契,把它们联在一起,这东西,我想就是'诗'。"

"这倒是真的,"诗人微笑着说,眼睛发着光,"我们总好像觉得自己是孤独地生活着，被关在一个窄狭到有时几乎不能喘息的范围里，因而我们便不得不常常想到这湫隘的囚牢以外的世界，以及这世界以外的宇宙……"

诗人似乎在沉思了；接着，他突然说："想不到你对于我的诗那么熟悉。你觉得它怎样，这首《一头灰色的中国牛》？这是我比较满意的诗中的一首。"

"它启发了我对于你的认识，并使我去更清楚地了解你。"

因为说到中国，许拜维艾尔便和我谈起中国来了。他说他曾经历过许多国土，不过他至今引以为遗憾的，便是他尚未到过中国。他说他的友人昂利·米书（Henry Michaux）曾到过中国，写过一本关于中国的书，对他盛称中国之美，说那自认为最文明的欧洲人，在亚洲只是一个野蛮人而已。我没有读过米书的作品，所以也没有和许拜维艾尔多说下去。可是他却兴奋了起来，好像立时要补偿他的憾恨似地，向我询问起旅行中国的问题来，如旅程要多少日子，旅费大概要多少，入境要经过什么手续，生活程度如何，语言的隔膜如何打破等等。而在从我这里得到一个相当的解决之后，他下着这样的结论：

"我总得到中国去一次。"于是他好像又沉思起来了。

我趁空把这书室打量了一下。那是一间长方形的房间，书架上排列着诗人所爱读的书，书案是在近窗的地方，而在案头，我看见一本新出的 *Mesures*。窗扉都关闭了，不能望见窗外的远景，而在电灯光下，壁上的名画便格外烘托出来了；在这里面，我辨出了马谛思（Matisse），塞公沙克

(D. de Segonzac)，比加索（Picasso）等法国当代画伯的作品。我们是在房间的后部，在那里，散放着几张沙发，一两张小几和一张长榻，而我们的诗人便倚在这靠壁的长榻上；榻旁的小几上放着几张白纸，大概是记录诗人的灵感的。

诗人站了起来，在房里走了几步，于是：

"你最爱哪几位法国诗人？"他这样问我。

"这很难说，"我回答，"或许是韩波（Rimbaud）和罗特亥阿蒙（Lautréamont）；在当代人之间呢，我从前喜欢过耶麦（Jammes），福尔（Paul Fort），高克多（Cocteau），雷佛尔第（Reverdy），现在呢，我已把我的偏好移到你和爱吕阿尔（Eluard）身上了。你瞧，这样的驳杂！"

听我数说完了这些名字的时候，许拜维艾尔认真地说：

"这也很自然。除了少数一二人以外，我的趣味也差不多和你相同的。福尔先生是我尤其感激的，我最初的诗集还是他给我写的序文呢。而罗特亥阿蒙！想不到罗特亥阿蒙也是你所爱好的诗人！那么拉福尔格（Laforguo）呢？"

我们要晓得，拉福尔格和罗特亥阿蒙都是颇有影响于许拜维艾尔的，像他们一样，他是出生于乌拉圭国的蒙德维艾陀（Monteviedo）的，像他们一样，他的祖先是比雷奈山乡人，像他们一样，他是法国诗人。在《引力集》中，我们可以看到下面的诗句：

> 不论在什么地方我都掘着地，希望你会从地下出来，
> 我用肘子推开房屋和森林，去看你在不在

后面，
　　我会整夜地大开着门窗等着你，
　　面前放着两杯酒，而不愿去沾一沾口。
　　但是，罗特亥阿蒙，
　　你却不来。

"拉福尔格吗？"我说，"可惜我没有多读他的作品，还在我记忆中保存着的，只《来临的冬天》（L'hiver qui vient）等数首而已。"接着，我便对他说起他新近出版的诗集《不相识的朋友们》（Les Amis Inconnus）：

"我最近读了你的诗集《不相识的朋友们》。"

"是吗？你已经买了吗？我应该送你一册的，可惜我现在手头只剩一本了。你读了吗，你的感想怎样？"

我没有直接回答他，却向他念了一节《不相识的朋友们》中的诗句：

　　我将来的弟兄们，你们有一天会说，
　　一位诗人取了我们日常的言语，
　　用一种无限地更悲哀而稍不残忍一点的
　　新的悲哀去，驱逐他的悲哀……

在他的瘦长的脸上，又浮上了一片微笑，一片会心的微笑，一边出神地凝视着我。沉默降了下来。

在沉默中，我听到了六下钟声。我来了已有一个多钟头了，我应该走了。我站了起来：

"对不起,我忘记了你牙痛了,我不该再搅扰你,我应该走了。"

"啊!连我自己也忘了牙痛,我还忘了我已约定牙医的时间了,我们都觉得互相有许多话要说。你住在巴黎吗?我们可以约一个时间再谈,你什么时候有空吗?"

"我明天就要离开巴黎,"我说,"而且不久就要离开法国了。"

"是吗?"他惊愕地说,"那么我们这次最初的见面也许就是最后一次了。"

"我希望我能够再到法国来,或你能够实现你的中国旅行。"

"希望如此吧。不错,我不能这样就让你走的,请你等一等。"他说着就走到后面的房间中去。一会儿,他带了一本书出来:

"这是我的第三本诗集《码头》(*Débarcadères*),现在已经绝版,在市上找不到的了,请你收了做个纪念吧!接着他便取出笔来,在题页上写了这几个字:给诗人戴望舒作为我们初次把晤的纪念。茹勒·许拜维艾尔谨赠。

当我一边称谢一边向他告别的时候,他说:"等一等,我们一道出去吧。我得去找牙医。我们还可以在路上谈一会儿。"

他进去了,我隐隐听见他和家人谈话的声音,接着他便带了大氅雨伞出来,因为外面在下雨。向这诗人的书斋投射了最后一眼,我便走出了。诗人给我开了门,让我走在前面,他在后面跟着。

"你没有带伞吗?"在楼梯上他对我说,"天在下雨。不要紧,你乘地道车回去吗?我也乘地道车,我可以送你到那里。你不会淋湿的。"

到了大门口,他把伞张开了。天在下着密密的细雨,而且斜风吹着。于是,在这斜风细雨中,在淋湿的铺道上,在他的伞下面,我们开始漫步着了。

"你近来有新作吗?"我问。

"我在写一部戏曲,写成了大约交给茹佛(Louis Jouvet)去演。说起,你看过我的《林中美人》(*La Belle au Bois*)吗?"

"那简直可以说是一首绝好的诗。而比多艾夫夫妇(Ludmilla et Georges Pitoëff)的演技,那真是一个奇迹!可惜我没有机会再看一遍了。"

我想起了他的诗作的西班牙文选译集。

"我在西班牙的时候读到你的诗的西班牙译本。如果没有读过你的诗的话,人们一定会当你做一个当代西班牙大诗人呢。的确,在有些地方,你是和西班牙现代诗人有着共同之点的,是吗?"

"约翰·加梭(Jean Cassou)也这样说过。这也是可能的事,有许多关系把我和西班牙连联在一起。那些西班牙现代的新诗人们,加尔西亚·洛尔伽(Garcia Lorca),阿尔倍谛(Alberti),沙里纳思(Salinas),季兰(Guillen),阿尔陀拉季雷(Alto'aguirre),都是我的很好的朋友。说起,你也常读这些西班牙诗人的诗吗?"

"我所爱的西班牙现代诗人是洛尔伽和沙里纳思。"

我们转了一个弯，经过了一个小方场，夹着雨的风打到我们的脸上来。许拜维艾尔把伞放低了一些。

"我很想选你一些诗译成中国文，"沉默了一些时候之后我对他说，"你可以告诉我你自己爱好的是哪几首吗？"

"唔，让我想想看。"他接着就沉浸在思索中了。

地道车站到了。当我们默不作声地走下地道去的时候，许拜维艾尔对我说："你身边有纸吗？"

我从衣袋里取出一张纸给他。他接了纸，取出自来水笔。于是，靠着一个冷清清的报摊，他便把他自己所选的几首诗的诗题写了给我。而当我向他称谢的时候：

"总之，你自己看吧。"他说。

我们走进站去，车立刻就到了。上了拥挤的地道车后，我们都好像被一种窒息的空气以外的东西所封锁住喉咙。我们都缄默着。

Etoile站快到了，我不得不换车回我的居所去。我向诗人握手告别。

"希望我们能够再见吧！"许拜维艾尔紧紧地握着我的手说。

我匆匆地下了车，茫然在月台上站立着。

车隆隆地响着，又开了，载着那还在向我招手的诗人许拜维艾尔，穿到暗黑的隧道中去。

都德的一个故居

凡是读过阿尔封思·都德（Alphonse Daudet）的那些使人心醉的短篇小说和《小物件》的人，大概总记得他记叙儿时在里昂的生活的那几页吧。（按：《小物件》原名 LePetit Chose，觉得还是译作《小东西》妥当。）

都德的家乡本来是尼麦，因为他父亲做生意失败了，才举家迁移到里昂去。他们之所以选了里昂，无疑因为它是法国第二大名城，对于重兴家业是很有希望的。所以，在一八四九年，那父亲万桑·都德（Vincent Daudet）便带着他的一家子，那就是说他的妻子，他的三个儿子，他的女儿阿娜，和那就是没有工钱也愿意跟着老东家的忠心的女仆阿奴，从尼麦搭船顺着罗纳河来到了里昂。这段路竟走了三天。在《小物件》中，我们可以看见他们到里昂时的情景：

在第三天傍晚，我以为我们要淋一阵雨了。天突然阴暗起来，一片浓浓的雾在河上飘舞着。在船头上，已点起了一盏大灯，真的：看到这些兆头，我着急起来了……在这个时候，有人在我旁边说："里昂到了！"同时，那个大钟敲了起来。这就是里昂。

里昂是多雾出名的，一年四季晴朗的日子少，阴霾的日子多，尤其是入冬以后，差不多就终日在黑沉沉的冷雾里度生活，一开窗雾就往屋子里扑，一出门雾就朝鼻子里钻，使人好像要窒息似的。在《小物件》里，我们可以看到都德这样说：

> 我记得那罩着一层烟煤的天，从两条河上升起来的一片永恒的雾。天并不下雨，它下着雾，而在一种软软的氛围气中，墙壁淌着眼泪，地上出着水，楼梯的扶手摸上去发黏。居民的神色，态度，语言，都觉得空气潮湿的意味。

一到了这个雾城之后，都德一家就住到拉封路去。这是一条狭小的路，离罗纳河不远，就在市政厅西面。我曾经花了不少的时间去找，问别人也不知道，说出是都德的故居也摇头。谁知竟是一条阴暗的陋巷，还是自己瞎撞撞到的。

那是一排很俗气的屋子，因为街道狭的原故，里面暗是不用说，路是石块铺的，高低不平，加之里昂那种天气，晴天也像下雨，一步一滑，走起来很吃劲。找到了那个门口，以为会柳暗花明又一村，却仍然是那股俗气：一扇死板板的门，虚掩着，窗子上倒加了铁栅，黝黑的墙壁淌着泪水，像都德所说的一样，伸出手去摸门，居然是发黏的。这就是都德的一个故居！而他们竟在这里住了三年。

这就是《小物件》里所说的"偷油婆婆"（Babarotte）的屋子。所谓"偷油婆婆"者，是一种跟蟑螂类似的虫，大概出现在厨房里，而在这所屋里它们四处地爬。我们看都德怎样说吧：

　　在拉封路的那所屋子里，当那女仆阿奴安顿到她的厨房里的时候，一跨进门槛就发了一声急喊："偷油婆婆！偷油婆！"我们赶过去。怎样的一种光景啊！厨房里满是那些坏虫子。在碗橱上，墙上，抽屉里，在壁炉架上，在食橱上，什么地方都有！我们不存心地踏死它们。噗！阿奴已经弄死了许多只了，可是她越是弄死它们，它们越是来。它们从洗碟盆的洞里来。我们把洞塞住了，可是第二天早上，它们又从别一个地方来了……

而现在这个"偷油婆婆"的屋子就在我面前了。
在这"偷油婆婆"的屋子里，都德一家六口，再加上一个女仆阿奴，从一八四九年一直住到一八五一年。在一八五一年的户口调查表上，我们看到都德的家况：

　　万桑·都德，业布匹印花，四十三岁；阿黛琳·雷诺，都德妻，四十四岁；葛奈思特·都德，学生，十四岁；阿尔封思·都德，学生，十一岁；阿娜·都德，幼女，三岁；昂利·都德，学生，十九岁。

　　昂利是要做教士的，他不久就到阿里克斯的神学校读书去了。他是早年就夭折了的。在《小物件》中，你们大概总还记得写这神学校生徒的死的那动人的一章吧:"他死了,替他祷告吧。"

在那张户口调查表上,在都德家属以外,还有这那么怕"偷油婆婆"的女仆阿奴:"阿奈特·特兰盖,女仆,三十三岁。"

万桑·都德便在拉封路上又重理起他的旧业来,可是生活却很困难,不得不节衣缩食,用尽方法减省。阿尔封思被送到圣别尔代戴罗的唱歌学校去,葛奈斯特在里昂中学里读书,不久阿尔封思也改进了这个学校。后来阿尔封思得到了奖学金,读得毕业,而那做哥哥的葛奈思特,却不得不因为家境困难的关系,辍学去帮助父亲挣那一份家。关于这些,《小物件》中自然没有,可是在葛奈思特·都德的一本回忆记《我的弟弟和我》中,却记载得很详细。

现在,我是来到这消磨了那《磨坊文札》的作者一部分的童年的所谓"偷油婆婆"的屋子前面了。门是虚掩着。我轻轻地叩了两下,没有人答应。我退后一步,抬起头来,向靠街的楼窗望上去:窗闭着,我看见静静的窗帷,白色的和淡青色的。而在大门上面和二层楼的窗下,我又看到了一块石头的牌子,它告诉我这位那么优秀的作家曾在这儿住过,像我所知道的一样。我又走上前面叩门,这一次是重一点了,但还是没有人答应。我伫立着,等待什么人出来。

我听到里面有轻微的脚步声慢慢地近来,一直到我的面前。虚掩着的门开了,但只是一半;从那里,探出了一个老妇人的皱瘪的脸儿来,先把我从头到脚打量了一番:

"先生,你找谁?"她然后这样问。

我告诉她我并不找什么人,却是想来参观一下一位小说家的旧居。那位小说家就是阿尔封思·都德,在八十多年前,曾在这里的四层楼上住过。

"什么,你来看一位在八十多年前住在这儿的人!"她怀疑地望着我。

"我的意思是说想看看这位小说家住过的地方。譬如说你老人家从前住在一个什么城里,现在经过这个城,去看看你从前住过的地方怎样了。我呢,我读过这位小说家的书,知道他在这里住过,顺便来看看,就是这个意思。"

"你说哪一个小说家?"

"阿尔封思·都德。"我说。

"不知道。你说他从前住在这里的四层楼上?"

"正是,我可以去看看吗?"

"这办不到,先生,"她断然地说,"那里有人住着,是盖奈先生。再说你也看不到什么,那是很普通的几间屋子。"

而正当我要开口的时候,她又打量了我一眼,说:

"对不起,先生,再见。"就缩进头去,把门关上了。

我踌躇了一会儿,又摸了一下发黏的门,望了一眼门顶上的石牌,想着里昂人的纪念这位大小说家只有这一片顽石,不觉有点怅惘,打算走了。

可是在这时候,天突然阴暗起来,我急速向南靠罗纳河那面走出这条路去:天并不下雨,它又在那里下雾了,而在罗纳河上,我看见一片浓浓的雾飘舞着,像在一八四九年那幼小的阿尔封思·都德初到里昂的时候一样。